● 扬州大学重点教材

日语听力
进阶教程

RIYU TINGLI JINJIE JIAOCHENG

主审　刘克华　[日]久佐木誉史
主编　孙　杨
参编　程　青　沈丰丹　张　敏
　　　朱　敏　余湘萍

苏州大学出版社
Soochow University Press

图书在版编目(CIP)数据

日语听力进阶教程 / 孙杨主编. —苏州:苏州大学出版社,2021.10
 ISBN 978-7-5672-3653-0

Ⅰ.①日… Ⅱ.①孙… Ⅲ.①日语-听说教学-教材 Ⅳ.①H369.9

中国版本图书馆 CIP 数据核字(2021)第 145055 号

Riyu Tingli Jinjie Jiaocheng

书　　名:	日语听力进阶教程
主　　编:	孙　杨
责任编辑:	金莉莉
装帧设计:	刘　俊
出版发行:	苏州大学出版社(Soochow University Press)
社　　址:	苏州市十梓街1号　邮编:215006
网　　址:	www.sudapress.com
邮　　箱:	sdcbs@suda.edu.cn
印　　装:	苏州工业园区美柯乐制版印务有限责任公司
邮购热线:	0512-67480030　销售热线: 0512-67481020
天 猫 店:	https://szdxcbs.tmall.com
开　　本:	700 mm×1 000 mm　1/16　印张:12.75　字数:223 千
版　　次:	2021 年 10 月第 1 版
印　　次:	2021 年 10 月第 1 次印刷
书　　号:	ISBN 978-7-5672-3653-0
定　　价:	45.00 元

凡购本社图书发现印装错误,请与本社联系调换。服务热线: 0512-67481020

前 言

本教材的编写遵循以下三条指导原则。第一，教材紧扣日语课程标准和教学指南，帮助学习者在进行听力训练的同时习得日语语言知识和语用知识，并帮助他们全方位了解日语母语者的语言交互习惯与文化，促进他们跨文化交际能力的提高。第二，教材按照日语教学大纲的要求、高考日语和日语能力考试的出题范围，设定了语法、词汇、表达习惯等语言知识点的难易度。再结合中国学习者的实际情况，编写了符合国内日语听力教学一般规律的内容。第三，教材立足听力技能的培养与语言文化知识的积累。教材面向课堂，面向学习者，充分调动学习者听的积极性，务求实效地做到量的积累和质的提高。

本教材的特色与创新表现有以下几点：

● 提高听力技能。众所周知，外语学习旨在培养学习者听、说、读、写、译的能力，培养听的能力是外语学习的重中之重，否则就无法达到跨文化交际的学习目标。本教材为给学习者提供循序渐进的听力材料，按照从简到难、由点到面的编写原则，遵循"词汇先行，语法为纲"的理念，基础篇采用「です・ます」体，进阶篇与提高篇基本采用口语体。本教材由辨音训练、主题训练（一）、主题训练（二）、综合训练、录音原文、参考答案与解析构成。主题训练（一）（二）又按照基础篇、进阶篇、提高篇的顺序编写，旨在循序渐进地强化学习者的听力训练，提高他们的听力技能。

● 实用性与人文性相融合。实用性体现在本教材不仅供学习者听力训练使用，还可以让他们模仿日语母语者在日常生活中的言语行为模式，并渐渐获得这些言语表达能力。人文性则体现在通过听力练习，学习者掌握日语母语者在语言交互中使用的各种语用知识，体会日本社会中的「縦」、「横」人际关系，以及社会语言生活的模式，提高他们对日本社会的认知能力。

● 培养学生跨文化交际能力。本教材听力内容遵循由基础到复杂的进

阶梯度,将语言知识与语用知识、情感态度与人际关系等语言和文化知识融入教材,将文化交际这条主线贯穿于教材的始终,学习者能通过听力训练达到"见斑窥豹"的效果。

● 面向不同人群的日语学习者。本教材既能满足备战高考的高中日语学习者,又能满足参加日语能力考试及高等学校的日语学习者。

由于编者水平有限,加上时间仓促,书中难免有错误和不妥之处,恳请各位读者和日语教育界同人批评指正。

孙　杨

2021 年 7 月于扬州

使用说明

1. 教材的构成

本教材由辨音训练、主题训练(一)(二)、综合训练、录音原文、参考答案与解析构成。

第一部分:1～5课为辨音训练;第二部分:6～8课为主题训练(一);第三部分:9～14课为主题训练(二);第四部分:10套日语听力综合训练。其中6～8课的主题训练主要围绕数字、数量、价格、时间、年龄、场所、属性话题进行听力训练设置,9～14课的主题训练围绕衣、食、住、行、学、娱话题进行听力训练设置。为了给不同的学习者提供相匹配的学习内容,围绕每个话题分别设定了"实战训练——基础篇""实战训练——进阶篇""实战训练——提高篇"三个梯度的内容。每个梯度根据训练的话题,精心编写了三段对话,并设置选择题和填空题进行检测。

2. 课时安排

每课使用两课时(90分钟)。

每课由"导语讲解""学习目标与重点""实战训练"构成。"导语讲解"可根据学习者的实际水平进行,大致配时10分钟;"学习目标与重点"中有特定话题所涉及的习惯表达、重点词语、句型等,配时30分钟;"实战训练"配时25分钟。为充分调动学习者听的积极性,教师需要鼓励他们进行大胆的预测和推测,进而检查听解结果,并针对学习者在听解过程中出现的问题,逐一进行对症讲解。完成了以上的输入之后,教师可要求学习者就素材中的内容进行复述,完成输出,配时15分钟。剩余10分钟灵活使用。

第四部分的综合训练题目可根据需要布置给学习者,让他们自主练习,也可用作测试题目,检查学习者的学习效果。

以上课时安排,只是编者的建议,教师和学习者可根据实际情况灵活使用。

目　录

第一部分　辨音训练 ……………………………………………………… 1
　　第1课　清浊音 ……………………………………………………… 1
　　第2课　长短音 ……………………………………………………… 3
　　第3课　促音 ………………………………………………………… 5
　　第4课　拨音 ………………………………………………………… 7
　　第5课　拗音 ………………………………………………………… 9

第二部分　主题训练（一） ……………………………………………… 12
　　第6课　数字、数量、价格 ………………………………………… 12
　　第7课　时间、年龄 ………………………………………………… 20
　　第8课　场所、属性 ………………………………………………… 27

第三部分　主题训练（二） ……………………………………………… 34
　　第9课　衣 …………………………………………………………… 34
　　第10课　食 ………………………………………………………… 38
　　第11课　住 ………………………………………………………… 42
　　第12课　行 ………………………………………………………… 46
　　第13课　学 ………………………………………………………… 49
　　第14课　娱 ………………………………………………………… 54

第四部分　综合训练 ……………………………………………………… 59
　　日语听力综合训练（一） …………………………………………… 59
　　日语听力综合训练（二） …………………………………………… 61
　　日语听力综合训练（三） …………………………………………… 63
　　日语听力综合训练（四） …………………………………………… 64

日语听力综合训练(五) …………………………………………… 66
日语听力综合训练(六) …………………………………………… 68
日语听力综合训练(七) …………………………………………… 70
日语听力综合训练(八) …………………………………………… 72
日语听力综合训练(九) …………………………………………… 74
日语听力综合训练(十) …………………………………………… 75

录音原文 …………………………………………………………… 78

参考答案与解析 …………………………………………………… 157

第一部分　辨音训练

日语单词的发音比较简单,一个假名为一个音节,占一拍的时间。日语的发音有清音、浊音、半浊音、长音、促音、拨音和拗音。这些特殊音节贯穿于日语学习的始终。因此,本部分注重特殊音节的训练,以下各课在详细介绍日语特殊音节的功能的基础上,让学生进行针对性的练习。

第1课　清浊音

导语讲解

日语是一种混合文字,有汉字、假名(平假名和片假名)、罗马字。这三种文字各司其责,汉字表意,假名表音,罗马字标注特殊的词汇。日语假名中的"假"是"借","名"是"字"之意。因此,所谓假名,就是只借用汉字的"音"和"形",而并非借用其"意"。日语假名分为平假名和片假名两种。平假名源于汉语的草书,片假名则源于汉语的楷书。平假名大约形成于公元 9 世纪,比片假名早一个世纪形成并被使用。不管是平假名还是片假名,每个假名代表一个音节,但要注意的是拨音「ん・ン」除外。

表示假名排列顺序的是"五十音图"。五十音图内的假名一般被称为清音。浊音是由清音假名「か」「さ」「た」「は」四行派生出来的,用浊音符号「ﾞ」表示;半浊音是由「は」行假名派生而来的,用半浊音符号「ﾟ」表示。

日语的子音(辅音)有清音和浊音之分。区别如下。

(1) 清音。

清音类似汉语的送气音,但呼出气流没有汉语那么强。子音有以下 10 种。

k(「か」行)　　s(「さ」行)　　t(「た」行)　　n(「な」行)　　h(「は」行)
m(「ま」行)　　y(「や」行)　　r(「ら」行)　　w(「わ」行)　　p(「ぱ」行)

(2) 浊音。

浊音的发音要领是唇形和舌位与相对应的清音相同,只是清音(指该音节的辅音)发音时声带不振动,而浊音在发音时声带振动。浊音的子音有以下 4 种。

g(「が」行)　　z(「ざ」行)　　d(「だ」行)　　b(「ば」行)

 学习目标与重点

本课旨在通过听力训练帮助学习者复习和巩固已学的假名,掌握清音、浊音及半浊音的发音特点,以便在实际听的过程中准确地进行区分,达到精确听解。

读音不正确或节拍不到位,极其容易引起听力过程中语义辨析的错误。例如:

かかく(価格)——かがく(化学)　　かき(柿)——かぎ(鍵)
つき(月)——つぎ(次)　　　　　　きく(菊)——きぐ(器具)
ここ(此処)——ごご(午後)　　　　てんき(天気)——でんき(電気)
また(又)——まだ(未だ)　　　　　とこ(床)——どこ(何処)
かす(貸す)——かず(数)　　　　　バス(bus)——パス(pass)
ビザ(visa)——ピザ(pizza)

在读和听的过程中,其辨析要点主要在于以下两点:

(1) 掌握清音、浊音、半浊音的发音要领。注意浊音在词头、词中及词尾的读音区别,浊音位于词头读作浊音,位于词中和词尾习惯上读作鼻浊音。

(2) 区别清音、浊音、半浊音,提高单词的有效记忆。

 实战训练

听录音,每段录音后有 1 小题,从 A、B、C 三个选项中选出你所听到的清浊音。每段录音只播放一遍。

例:田中さんはどこにいますか。

　　A. どこ　　　　　　B. とこ　　　　　　C. とうこ

　答案:A

1. A. れいそうこ　　　B. れいぞうこ　　　C. れいそこう
2. A. かんし　　　　　B. かんじ　　　　　C. かんち

3. A. はかり　　　　B. はかに　　　　C. ばかり
4. A. ガラス　　　　B. からす　　　　C. はらす
5. A. かならず　　　B. からなつ　　　C. かならち
6. A. ぜんぜん　　　B. せんふ　　　　C. せいふう
7. A. せんばい　　　B. せんはい　　　C. せんぱい
8. A. せいたく　　　B. ぜいたく　　　C. せんたく
9. A. そくこ　　　　B. そくこう　　　C. ぞくご
10. A. みしかい　　　B. みちかい　　　C. みじかい
11. A. ガイド　　　　B. カイド　　　　C. カイト
12. A. デサイン　　　B. テサイン　　　C. デザイン
13. A. にがて　　　　B. にがで　　　　C. にかで
14. A. かぎ　　　　　B. かき　　　　　C. がぎ
15. A. ここ　　　　　B. ごこ　　　　　C. ごご
16. A. がそく　　　　B. かぞく　　　　C. がぞく
17. A. はて　　　　　B. はで　　　　　C. ばで
18. A. クラブ　　　　B. グラブ　　　　C. グラフ
19. A. テレビ　　　　B. デレビ　　　　C. デレヒ
20. A. ほとんと　　　B. ほとんど　　　C. ほどんと

第2课　长短音

导语讲解

本课学习日语的长音，并熟练掌握长音和短音的区别。

在第1课中，我们提到了日语假名学习中的一个重要知识点——日语的一个假名代表一个音节(拨音「ん・ン」除外)。但是，本课学习的长音，则是由2个平假名，或者由片假名及后续「ー」构成的特殊发音方式(注意：外来语无论是横着书写，还是竖着书写，都用「ー」来表示)。所谓"长音"，就是把前面音节中的元音(母音)拉长一拍来发音，拉长的这一拍与前面的一拍不能断开来读。长音的发音具有一定的规则性，其规则见表1。

表1 长音的发音规则表

一般规则	例词	特殊情况
「あ」段假名后加「あ」	お<u>かあ</u>さん、お<u>ばあ</u>さん	
「い」段假名后加「い」	お<u>じい</u>さん、<u>にい</u>さん	
「う」段假名后加「う」	こ<u>うつう</u>、<u>すう</u>がく	
「え」段假名后加「い」	<u>せい</u>じ、<u>へい</u>や	加「え」お<u>ねえ</u>さん
「お」段假名后加「う」	く<u>うこう</u>、<u>とう</u>じつ	加「お」<u>おお</u>きい、<u>とお</u>る
外来语用「一」	ノ<u>ー</u>ト、タク<u>シー</u>	

学习目标与重点

从表1可以看出,长音是构成单词的重要语素之一,读音不正确或节拍不到位,听者在听的过程中,就容易产生理解上的错误。例如:

おばあさん(お婆さん)——おばさん(叔母さん)
へいや(平野)——へや(部屋)
ゆうき(勇気)——ゆき(雪) とおる(通る)——とる(取る)
こうこう(高校)——ここ(这) ゆうめい(有名的)——ゆめ(夢)

在读和听的过程中,其辨析要点主要在于以下两点:

(1) 在日语入门阶段,一定要掌握日语平假名和片假名的认读与书写,且了解日语元音、辅音的区别。

(2) 一定要掌握日语的长音规则,能够对长短音进行很好地辨析,为将来进一步学习日语打好基础。

实战训练

听录音,每段录音后有1小题,从A、B、C三个选项中选出你所听到的长音。每段录音只播放一遍。

例:ビールを飲みます。
    A. ピル   B. ビヌ   C. ビール
  答案:C

1. A. ビール   B. ビル   C. ピル
2. A. コーラ   B. ゴラ   C. コラ
3. A. コーヒー   B. コヒ   C. ゴヒ
4. A. さとう   B. さど   C. ざと

5. A. がくせ　　　　　B. かくせ　　　　　C. がくせい
6. A. ちず　　　　　　B. チーズ　　　　　C. チス
7. A. といけう　　　　B. とけい　　　　　C. とけ
8. A. のど　　　　　　B. ノート　　　　　C. ノト
9. A. ルール　　　　　B. ルル　　　　　　C. ルンル
10. A. レポート　　　　B. レポト　　　　　C. レボト
11. A. ゆうき　　　　　B. ゆき　　　　　　C. ゆいき
12. A. テマ　　　　　　B. テーマ　　　　　C. デマ
13. A. コート　　　　　B. コト　　　　　　C. コド
14. A. とおい　　　　　B. とい　　　　　　C. とうい
15. A. スーパ　　　　　B. スパ　　　　　　C. スーパー
16. A. ゆめい　　　　　B. ゆうめい　　　　C. ゆめ
17. A. メール　　　　　B. メールー　　　　C. メル
18. A. ひこき　　　　　B. ひうこうき　　　C. ひこうき
19. A. ふつう　　　　　B. ふつ　　　　　　C. ふうつ
20. A. おとうと　　　　B. おととう　　　　C. おとうと

第3课　促　音

导语讲解

日语中有一个只做口形但实际上听不见声音的音节,这个音节叫作促音。促音是日语中用来表示停顿的符号,其写法为「っ」,片假名为「ッ」。促音「っ・ッ」的发音要领是前面的音发完之后,堵住气流,做好发下一个音的准备,停顿一拍之后发出下一个音。

促音「っ・ッ」只出现在「か」行、「さ」行、「た」行前面,但促音后面是「か」行、「た」行、「ぱ」行时与促音后面是「さ」行时的发音方法不同。促音位于「か」行、「た」行、「ぱ」行前面时,堵住全部气流停顿一拍后再放开,使气流急冲而出。位于「さ」行前面时,则几乎不停止发音而是发出子音s。但不论哪种情况,都必须保持一点儿顿挫,否则词语的意思会发生变化。促音的发音规则见表2。

表 2　促音的发音规则表

促音+「か」行	促音+「さ」行	促音+「た」行	促音+「ぱ」行
いっかい(一階)	がっさく(合作)	いったい(一体)	しっぱい(失敗)
がっき(楽器)	ざっし(雑誌)	いっち(一致)	ろっぴき(六匹)
いっく(一句)	いっすん(一寸)	よっつ(四つ)	きっぷ(切符)
はっけん(発見)	けっせき(欠席)	きって(切手)	いっぺん(一遍)
がっこう(学校)	しっそう(疾走)	おっと(夫)	しっぽ(尻尾)

 学习目标与重点

从表 2 中可以看出，促音「っ・ッ」虽然不发音，但并不是可有可无的，促音是日语中的特殊音节之一。读音不正确或节拍不到位，听者在听的过程中易产生理解上的错误。例如：

　　おと(音)——おっと(夫)　　さか(坂)——さっか(作家)
　　くし(串)——くっし(屈指)　　まち(町)——マッチ(火柴)
　　いく(行く)——いっく(一句)　　いちょう(胃腸)——いっちょう(一丁)

在读和听的过程中，其辨析要点主要在于以下两点：

（1）掌握促音的发音要领，了解促音生成的位置。
（2）区别促音与非促音的读法，提高单词的有效记忆率。

实战训练

听录音，每段录音后有 1 小题，从 A、B、C 三个选项中选出你所听到的促音。每段录音只播放一遍。

例：机の上に雑誌があります。
　　A. ざっし　　　　　B. ざし　　　　　C. ざち
　　答案：A

1. A. さっか　　　　　B. さか　　　　　C. さが
2. A. にちう　　　　　B. にっちょう　　　C. にっちゅう
3. A. ねっしん　　　　B. ねしん　　　　　C. たしん
4. A. けせき　　　　　B. けっせき　　　　C. げせき
5. A. まち　　　　　　B. まし　　　　　　C. マッチ
6. A. きって　　　　　B. きて　　　　　　C. ぎて
7. A. ボト　　　　　　B. ポト　　　　　　C. ポット

8. A. けこん	B. けっこん	C. けいこん
9. A. さそく	B. ざそく	C. さっそく
10. A. いらっしゃい	B. いらしゃい	C. いりゃしゃい
11. A. おと	B. おっと	C. おとう
12. A. きっさてん	B. きさてん	C. きさってん
13. A. がこ	B. がっこう	C. かっこう
14. A. にっき	B. にき	C. にぎ
15. A. さき	B. さっき	C. ざき
16. A. せっかく	B. せかく	C. せかっく
17. A. スイチ	B. スイッチ	C. スッイチ
18. A. よっか	B. よか	C. ようか
19. A. ゆっくり	B. ゆくっり	C. ゆくり
20. A. もっとも	B. もとも	C. もとっも

第4课 拨 音

 导语讲解

第1课中，我们提到了这样一个知识点——日语的假名，不管是平假名还是片假名，每个假名代表一个音节。但要注意的是，拨音「ん・ン」除外。日语单词的音节末出现的「ん」称为拨音，其声音由鼻腔发出，也称为鼻音。拨音在发音时占一拍，且没有长音，也无法单独使用，只能与其他假名构成拨音节。拨音的发音要根据后面的音节有所变化，与汉语音中的"m""n""ŋ"相当。拨音的发音规则见表3。

表3 拨音的发音规则表

后面的音节	实际发音	例词
「ば」行、「ぱ」行、「ま」行	m	さんぽ(散步)、しんぶん(新闻)、しんまい(新米)、しんばし(新桥)
「た」行、「だ」行、「ら」行、「な」行	n	はんとう(半岛)、もんだい(問題)、ほんらい(本来)、しんねん(新年)、ごたんだ(五反田)
其他音及在词尾	ŋ	へんか(変化)、れんない(恋愛)、あんしん(安心)、ばん(晩)、ふとん(布団)

学习目标与重点

从表3可以看出,拨音后面音节不同,拨音的发音有所变化,但这个变化不会影响单词的意思。那么是否可以忽略拨音呢？显然不能,如果读音不正确或节拍不到位就容易引起语义错误。例如:

しんせき(親戚)——しせき(史跡)　しんまい(新米)——しまい(姉妹)
ほんとう(本当)——ほとう(浦東)　てんき(天気)——てき(敵)
インク(ink)——いく(行く)　　　よかん(予感)——よか(余暇)

在读和听的过程中,其辨析要点主要在于以下两点:

(1) 掌握拨音的发音要领,切记拨音不能单独使用,只能和其他音节构成拨音节,占一拍时长。

(2) 区别拨音与非拨音的读法,提高单词的有效记忆率。

 实战训练

听录音,每段录音后有1小题,从A、B、C三个选项中选出你所听到的拨音。每段录音只播放一遍。

例：日曜日はよくピアノの練習をします。
　　A. れしゅう　　　　B. れしゅう　　　　C. れんしゅう
　　答案：C

1. A. おがくか	B. おんがくか	C. おうがくか
2. A. しんしつ	B. しいしつ	C. ししつ
3. A. ふと	B. ふとん	C. ふとう
4. A. アクセト	B. あくせーと	C. アクセント
5. A. フランス	B. フラス	C. フラース
6. A. はあかち	B. はかち	C. ハンカチ
7. A. せんたく	B. せいたく	C. せあだく
8. A. れもう	B. れも	C. レモン
9. A. せんめんき	B. せいめいき	C. せめいき
10. A. かんがえて	B. かがえて	C. かあがえて
11. A. うてん	B. うんて	C. うんてん
12. A. ざんねん	B. ざねん	C. ざんね
13. A. ずいぶ	B. ずいぶん	C. ずんぶん

14. A. もちろん　　B. もちろ　　C. もちんろ
15. A. ほんとう　　B. ほとう　　C. ほうとん
16. A. ボンタ　　　B. ボタン　　C. ボンタン
17. A. べんりん　　B. べんり　　C. べりん
18. A. ふあん　　　B. ふんあん　C. ふんあ
19. A. ぜんぶ　　　B. ぜんぶん　C. ぜぶん
20. A. ズンボン　　B. ズンボ　　C. ズボン

第5课　拗　音

导语讲解

拗音是日语的特殊音节之一。由「い」段假名的「き」「し」「ち」「に」「ひ」「み」「り」假名后面加小一号字体且靠下的「ゃ」「ゅ」「ょ」表示。拗音虽然由两个假名构成，但只有一个音节，因此发音时只占一拍时长。拗音也有清拗音、浊拗音和半浊拗音之分。拗音的发音规则见表4。

表4　拗音的发音规则表

清拗音	き キ	きゃ キャ	きゅ キュ	きょ キョ
	し シ	しゃ シャ	しゅ シュ	しょ ショ
	ち チ	ちゃ チャ	ちゅ チュ	ちょ チョ
	に ニ	にゃ ニャ	にゅ ニュ	にょ ニョ
	ひ ヒ	ひゃ ヒャ	ひゅ ヒュ	ひょ ヒョ
	み ミ	みゃ ミャ	みゅ ミュ	みょ ミョ
	り リ	りゃ リャ	りゅ リュ	りょ リョ
浊拗音	ぎ ギ	ぎゃ ギャ	ぎゅ ギュ	ぎょ ギョ
	じ ジ	じゃ ジャ	じゅ ジュ	じょ ジョ
	び ビ	びゃ ビャ	びゅ ビュ	びょ ビョ
半浊拗音	ぴ ピ	ぴゃ ピャ	ぴゅ ピュ	ぴょ ピョ

学习目标与重点

拗音是日语的特殊音节之一。如果拗音的书写和发音掌握不好,会给学习带来很多不必要的麻烦,影响学习效果,因此要区分好拗音和非拗音。

　　ひやく(飛躍)——ひゃく(百)
　　いしや(石屋)——いしゃ(医者)
　　きよう(器用)——きょう(今日)
　　しじつ(史実)——しゅじゅつ(手術)
　　びよういん(美容院)——びょういん(病院)

在读和听的过程中,其辨析要点主要在于以下两点:

(1) 掌握拗音的发音要领,切记拗音虽然是由2个假名组成的,但只占一拍的时长。

(2) 区别拗音与非拗音的读法及书写,提高单词的有效记忆率。

 实战训练

听录音,每段录音后有1小题,从A、B、C三个选项中选出你所听到的拗音。每段录音只播放一遍。

例:京都は関西にあります。
　　　A. きようと　　　　B. きゅうとう　　　　C. きょうと
　答案:C

1. A. びよういん　　B. ぴよういん　　C. びょういん
2. A. ひよう　　　　B. ひよ　　　　　C. ひょう
3. A. えんりょ　　　B. ええりよ　　　C. えいりよ
4. A. じしんりょう　B. じゅしんりょう　C. じいしんりょう
5. A. りよう　　　　B. ゆよう　　　　C. りょう
6. A. きゅうりゅう　B. ぎゅうにゅう　C. きゅうにゅう
7. A. とうきょう　　B. とうきい　　　C. ときゆう
8. A. いんしょく　　B. いんじょく　　C. いんちょく
9. A. しゅくだい　　B. ちゆうだい　　C. しゆうだい
10. A. じょうび　　　B. じゅんじ　　　C. じゅんび
11. A. りょうり　　　B. りょり　　　　C. りようり
12. A. そつぎょう　　B. そつきよ　　　C. そつぎよう

13. A. じゅうしょく　　　B. しゅうしょく　　　C. しゅうしょく
14. A. じゅうきゅう　　　B. じょうきゅう　　　C. じゅうきゆう
15. A. としょうかん　　　B. としょかん　　　　C. とじょかん
16. A. にんぎょう　　　　B. にんきょう　　　　C. にんぎよう
17. A. はじょ　　　　　　B. ばしょ　　　　　　C. ばじょ
18. A. かんしや　　　　　B. かんしゃ　　　　　C. かんじゃ
19. A. きょり　　　　　　B. ぎょり　　　　　　C. きょうり
20. A. いじゃ　　　　　　B. いんしゃ　　　　　C. いしゃ

第二部分　主题训练（一）

第6课　数字、数量、价格

导语讲解

本课主要针对日语中的数字、量词、价格进行听力训练。

与数字、量词、价格相关的话题涉及日常生活中的各个方面,普遍存在于诸如电话和门牌的问询、购物、交通路程、运算统计等各类场景的会话中,是听力训练中最为基础的部分。在做此类训练时,要熟练掌握日文的数字、量词、价格等的读音和搭配等,为提高数字、数量、价格等话题的听解能力打下基础。

学习目标与重点

1. 常见相关词汇

（1）数字。

数字的读法见表5和表6。

表5　百以内的数字读法

数字	读音	数字	读音	数字	读音
0	れい・ゼロ	10	じゅう	20	にじゅう
1	いち	11	じゅういち	30	さんじゅう
2	に	12	じゅうに	40	よんじゅう
3	さん	13	じゅうさん	50	ごじゅう
4	よん・し	14	じゅうよん・じゅうし	60	ろくじゅう
5	ご	15	じゅうご	70	ななじゅう・しちじゅう
6	ろく	16	じゅうろく	80	はちじゅう
7	なな・しち	17	じゅうなな・じゅうしち	90	きゅうじゅう
8	はち	18	じゅうはち	100	ひゃく
9	きゅう・く	19	じゅうきゅう・じゅうく		

表6　百以上的数字读法

数字	读音	数字	读音	数字	读音
100	ひゃく	1,000	せん	10,000	いちまん
200	にひゃく	2,000	にせん	100,000	じゅうまん
300	さんびゃく	3,000	さんぜん	1,000,000	ひゃくまん
400	よんひゃく	4,000	よんせん	10,000,000	いっせんまん
500	ごひゃく	5,000	ごせん	100,000,000	いちおく
600	ろっぴゃく	6,000	ろくせん		
700	ななひゃく	7,000	ななせん		
800	はっぴゃく	8,000	はっせん		
900	きゅうひゃく	9,000	きゅうせん		

（2）量词。

部分量词的读法见表7。

表7　部分量词的读法

数字	量词						
	つ	冊	階	個	本	回	匹
1	ひとつ	いっさつ	いっかい	いっこ	いっぽん	いっかい	いっぴき
2	ふたつ	にさつ	にかい	にこ	にほん	にかい	にひき
3	みっつ	さんさつ	さんがい	さんこ	さんぼん	さんかい	さんびき
4	よっつ	よんさつ	よんかい	よんこ	よんほん	よんかい	よんひき
5	いつつ	ごさつ	ごかい	ごこ	ごほん	ごかい	ごひき
6	むっつ	ろくさつ	ろっかい	ろっこ	ろっぽん	ろっかい	ろっぴき
7	ななつ	ななさつ	ななかい	ななこ	ななほん	ななかい	ななひき
8	やっつ	はっさつ	はちかい・はっかい	はちこ・はっこ	はっぽん	はちかい・はっかい	はっぴき
9	ここのつ	きゅうさつ	きゅうかい	きゅうこ	きゅうほん	きゅうかい	きゅうひき
10	とお	じゅっさつ	じゅっかい	じゅっこ	じゅっぽん	じゅっかい	じゅっぴき

※ 人：1人（ひとり），2人（ふたり），3人及以上人读作「にん」。

※ 「番、台、度、枚」搭配数字，读音不发生变化。

（3）货币单位。

円　元　ドル

2. 常见的提问形式
常见的对货币进行提问的形式有以下几种。
～何番ですか；番号知ってますか。
～何点取れた？
～おいくらですか；割引はありますか。
～おいくつですか。

3. 重点单词与句型解说
(1) 单词。

① クーポン券：优惠券。
- これを購入する時、クーポンが、更にお得になりますよ。

② 揃う：有以下两个含义。
A. 聚齐，齐全，齐备。
- このスカートはサイズが揃っていないので、2割引きになってます。
- みんな揃っていますから、出発しましょう。

B. 一致；相同；整齐。
- この提案について、全員そろって賛成する。

③ ～め（目）：结尾词。接在形容词、动词连用形之后，表示性质、程度、倾向等。
- 長め（稍长）　● 早め（稍早）　● 勝ち目（获胜的可能）

(2) 句型。

① しか：后接否定表示限定。
- ボールペンは一本しかないんです。
- 当店のクーポン券はこの3,000円の化粧水にしか使えないんですよ。

② ～なくちゃ：「～なくてはいけない」的口语表达。
- 満点の半分しかなかったから、これから真面目に勉強しなくちゃ。
- リカちゃんのお誕生日のプレゼントを用意しなくちゃ。

③ ～させていただく：接动词使役形，表示请求对方允许自己做某事，意为"请允许我做……"。
- ずお部屋の状況を確認させていただきます。
- すみませんが、1時間ほど休ませていただけますか。

 实战训练

本课的实战训练材料基于数字、数量、价格的话题,设定了听力难度、知识结构由低到高的基础篇、进阶篇、提高篇三个梯度。

实战训练——基础篇

听录音,每段录音后有 1 小题,从 A、B、C 三个选项中选出最佳选项。每段录音只播放一遍。

Ⅰ. 数字

1. 英語の授業の教室は何号室ですか。
   A. 3002   B. 3012   C. 3022
2. 女の人のカードは何番ですか。
   A. 4 番   B. 24 番   C. 14 番
3. 田中先生の電話番号は何番ですか。
   A. 15800003412   B. 15800123412   C. 15800123422

Ⅱ. 数量

1. 女の人はボールペンが何本ありますか。
   A. 3 本   B. 2 本   C. 1 本
2. 女の人はジュースを何本買いましたか。
   A. 3 本   B. 2 本   C. 1 本
3. この教室は元々机がいくつありましたか。
   A. 2   B. 48   C. 50

Ⅲ. 价格

1. 男の人はいくら払いましたか。
   A. 100 円   B. 200 円   C. 300 円
2. 女の人は全部でいくら払いましたか。
   A. 210 円   B. 120 円   C. 330 円
3. 男の人はどちらのコップを買いましたか。
   A. 300 円のコップ
   B. 180 円のコップ
   C. 380 円のコップ

实战训练——进阶篇

听录音，每段录音后有5小题，先根据录音内容在下列题目的横线上填入适当的词语，然后再从A、B、C三个选项中选出最佳选项。每段录音只播放一遍。

Ⅰ. 数字

1. ① さっきは、誰からの＿＿＿＿＿＿＿ですか？
   ② ＿＿＿＿＿＿＿番号だから、出なかったよ。
   ② 友人のは186の5321の＿＿＿＿＿＿＿ですね。
   ③ 数字が＿＿＿＿＿＿＿だけですね。
   ④ 男の人が言っている知らない電話番号は何番ですか。
      A. 18653210746　　　B. 18653210745　　　C. 18653201746

2. ① ＿＿＿＿＿＿＿が引っ越したそうですが。
   ② 大学の前の＿＿＿＿＿＿＿に引っ越したよ。
   ③ 確か…、6階の＿＿＿＿＿＿＿だよ。
   ④ 私の部屋より＿＿＿＿＿＿＿ですね。
   ⑤ 女の人の部屋は何号室ですか。
      A. 621　　　　　　　B. 618　　　　　　　C. 502

3. ① この問題の答えは＿＿＿＿＿＿＿じゃない？
   ② ちょっと＿＿＿＿＿＿＿してみるね。
   ③ この2つの数字を＿＿＿＿＿＿＿、この数字を引かないとね。
   ④ 君がこの数字＿＿＿＿＿＿＿からね。
   ⑤ 正しい答えは何番ですか。
      A. 388　　　　　　　B. 368　　　　　　　C. 502

Ⅱ. 数量

1. ① 先週の＿＿＿＿＿＿＿何点取れた？
   ② マークシートを適当に塗りつぶしたよ。でもなんと＿＿＿＿＿＿＿も取れたんだ。
   ③ 美恵ちゃんは＿＿＿＿＿＿＿も取れたそうよ。
   ④ あいつは＿＿＿＿＿＿＿だから。
   ⑤ 女の人は何点取れましたか。
      A. 90点　　　　　　　B. 65点　　　　　　　C. 50点

2. ① 仕事のほうは＿＿＿＿？
   ② 新型コロナのせいで、輸出量は去年の＿＿＿＿しかないから、厳しいよ。
   ③ うちも同じだよ。僕、去年の9月は、車を＿＿＿＿輸出したけど。
   ④ 今年は＿＿＿＿しかないよ。
   ⑤ 男の人は今年の9月車を何台輸出しましたか。
   　　A. 50万　　　　B. 100万　　　　C. 33.3万ぐらい
3. ① 女の人は＿＿＿＿を買いに来ました。
   ② 1人一回＿＿＿＿までという制限があります。
   ③ 女の人は週に＿＿＿＿買いにきます。
   ④ 今日も＿＿＿＿買った？
   ⑤ 女の人とその家族は今日マスクを何枚買いましたか。
   　　A. 4枚　　　　B. 8枚　　　　C. 12枚

Ⅲ. 价格

1. ① すみません、その花柄の＿＿＿＿はおいくらですか？
   ② 大きいほうは＿＿＿＿で、小さいほうは＿＿＿＿です。
   ③ よく＿＿＿＿商品ですからね。
   ④ 妹にあげるものだし、予算がちょっときついので、＿＿＿＿のをください。
   ⑤ 男の人はどんな手帳を買いましたか。
   　　A. 2,000円の手帳　　B. 1,000円の手帳　　C. 3,000円の手帳
2. ① ディズニーランドの＿＿＿＿をお願いします。
   ② 大人は＿＿＿＿で、子供はその＿＿＿＿です。
   ③ じゃ、大人＿＿＿＿と子供＿＿＿＿をください。
   ④ 往復の電車代とセットで買えるキャンペーンは＿＿＿＿まででした。
   ⑤ 男の人はいくら払いますか。
   　　A. 12,500円　　　　B. 10,000円　　　　C. 15,000円
3. ① ＿＿＿＿へ行きたいんですが。
   ② まず＿＿＿＿まで行ってください。そこでJR山手線に乗り換えれば、渋谷駅にいけますよ。
   ③ ここから新宿駅までの区間料金は＿＿＿＿で、子供は＿＿＿＿です。

④ それに特急料金が＿＿＿＿＿＿＿です。
⑤ 女の人は新宿駅までいくらかかりますか。
    A. 470円　　　　　B. 320円　　　　　C. 160円

实战训练——提高篇

听录音，每段录音后有5小题，先根据录音内容在下列题目的横线上填入适当的词语，然后再从 A、B、C 三个选项中选出最佳选项。每段录音只播放一遍。

Ⅰ. 数字

1. ① リカちゃんの？ええと、＿＿＿＿＿＿＿だと思うけどなあ。
   ② あっ、いやいや、＿＿＿＿＿＿＿は桜ちゃんだ。
   ③ リカちゃんはたしか＿＿＿＿＿＿＿だと思うよ。
   ④ たしか、＿＿＿＿＿＿＿だったと思うんだけどなー。
   ⑤ リカちゃんの誕生日はいつですか。
       A. 7月1日　　　　B. 7月2日　　　　C. 7月3日

2. ① 毎日＿＿＿＿＿＿＿ずっと仕事をしてるんですよ。
   ② でも、来週＿＿＿＿＿＿＿何日間かの休みがあるから、もうちょっと頑張ってくださいね。
   ③ 確か＿＿＿＿＿＿＿だったかな。
   ④ そうですか。よかったです。それなら、＿＿＿＿＿＿＿も休みにしてほしいですね。
   ⑤ 来週、休みは何日間ですか。
       A. 3日間　　　　　B. 4日間　　　　　C. 5日間

3. ① 王さん、これ、＿＿＿＿＿＿＿の写真ですか？
   ② 王さんのお兄さんは＿＿＿＿＿＿＿です。
   ③ 王さんには＿＿＿＿＿＿＿がいるんですねー。
   ④ その時、＿＿＿＿＿＿＿は旅行へ行ってましたから…。
   ⑤ 王さんは全部で何人兄弟ですか。
       A. 2人　　　　　　B. 3人　　　　　　C. 4人

Ⅱ. 数量

1. ① 明さん、今日の＿＿＿＿＿＿＿しておきたいんだけど、明さんの部署、今日何人残業の予定？

② うちの部署は_____だけど、今日残業するのは_____だけだよ。
③ 王さんと李さんはダイエット中だから、晩ご飯は_____よ。
④ 今日小野さんの協力会社の人の一人残業を手伝ってくれるらしいよ、だから、もう一人分追かね!
⑤ 今晩明さんの部署では何人分の晩ご飯を準備しないといけませんか。
  A. 6人分   B. 5人分   C. 4人分

2. ① 会社の帰りにりんごを_____買ったんですけど、いくらだと思いますか?
② え?そんなに高いの?だったら_____じゃないですか!
③ 私がこの前買ったのはもっと高かったですよ。_____もしたんですよ。
④ あそこではみかんも売ってますよ。始めの_____だけど、次の3個からはたったの100円だよ。
⑤ もし、女性がみかんを9個買ったら、いくら必要ですか。
  A. 300円   B. 350円   C. 450円

3. ① すみません、鉛筆_____と、消しゴム_____ほしいんですけど。
② 鉛筆は_____、消しゴムは_____です。
③ ノート_____も買いたいんですけど、おいくらですか?
④ 電卓は、_____、580円と980円のものがございますが。
⑤ 男性は全部で何個の文房具を買いましたか。
  A. 35個   B. 38個   C. 30個

Ⅲ. 价格

1. ① いらっしゃいませ、なにかお探しでしょうか。現在_____です。
② とてもお似合いです。体型にぴったり_____されていますよ。
③ このスカートはサイズが揃ってないので、今、_____になってます。
④ 6,800円の_____ですか?
⑤ このスカートは今いくらですか。
  A. 4,500円   B. 5,440円   C. 3,600円

2. ① 依頼を受けてから_____以内で到着するという規則があります。
② 家具と床の汚れはコース1の_____で大丈夫ですが、トイレはちょっと問題ですねー。

③ トイレに水漏れがありますから、この状態だと、＿＿＿＿で処理する必要がありますねー。

④ リビングは基本料金で、トイレはその＿＿＿＿ということですね。

⑤ クリーニング代は全部でいくら払いますか。

　A. 18,000 円

　B. 12,000 円

　C. 6,000 円

3. ① 毎度ありがとうございます。えーと、全部でちょうど＿＿＿＿です。

② すみません、この＿＿＿＿使えますか？

③ この3,000円の化粧水は＿＿＿＿となります。

④ 免税は10,000円以上だと＿＿＿＿です。

⑤ 女の人はいくらぐらい商品を買いましたか。

　A. 300 円

　B. 10,000 円

　C. 5,000 円

第7课　时间、年龄

 导语讲解

　　本课在前一课数字、数量、价格训练的基础上进一步针对日语中时间和年龄的话题展开听力训练。在做有关时间的听力训练时，要全面掌握时刻、日期、时间量词等各类相关读法。在涉及年龄的话题中除了有直观的岁数的表达之外，还会出现与之相关联的诸如年龄的比较、身份、职业、时代、年号等的表达形式，这些间接的表现形式要引起关注并多加积累。

 学习目标与重点

1. 常见相关词汇

（1）时刻。

时刻的读法见表8。

表 8　时刻的读法

时刻	读音	时刻	读音	时刻	读音	时刻	读音	时刻	读音
0時	れいじ	1時	いちじ	2時	にじ	3時	さんじ	4時	よじ
5時	ごじ	6時	ろくじ	7時	しちじ	8時	はちじ	9時	くじ
10時	じゅうじ	11時	じゅういちじ	12時	じゅうにじ	何時	なんじ	1分	いっぷん
2分	にふん	3分	さんぷん	4分	よんぷん	5分	ごふん	6分	ろっぷん
7分	ななふん	8分	はっぷん	9分	きゅうふん	10分	じっぷん・じゅっぷん		

（2）月份。

月份的读法见表9。

表 9　月份的读法

月	读音	月	读音	月	读音	月	读音
1月	いちがつ	4月	しがつ	7月	しちがつ	10月	じゅうがつ
2月	にがつ	5月	ごがつ	8月	はちがつ	11月	じゅういちがつ
3月	さんがつ	6月	ろくがつ	9月	くがつ	12月	じゅうにがつ

星期的读法见表10。

表 10　星期的读法

星期	日语汉字	读音
星期日	日曜日	にちようび
星期一	月曜日	げつようび
星期二	火曜日	かようび
星期三	水曜日	すいようび
星期四	木曜日	もくようび
星期五	金曜日	きんようび
星期六	土曜日	どようび

日期的读法见表11。

表 11　日期的读法

日期	读音	日期	读音	日期	读音	日期	读音
1日	ついたち	2日	ふつか	3日	みっか	4日	よっか
5日	いつか	6日	むいか	7日	なのか	8日	ようか
9日	ここのか	10日	とおか	11日	じゅういちにち	12日	じゅうににち
13日	じゅうさんにち	14日	じゅうよっか	15日	じゅうごにち	16日	じゅうろくにち
17日	じゅうしちにち	18日	じゅうはちにち	19日	じゅうくにち	20日	はつか
21日	にじゅういちにち	22日	にじゅうににち	23日	にじゅうさんにち	24日	にじゅうよっか
25日	にじゅうごにち	26日	にじゅうろくにち	27日	にじゅうしちにち	28日	にじゅうはちにち
29日	にじゅうくにち	30日	さんじゅうにち	31日	さんじゅういちにち		

（3）时间量词。

～秒　～分(間)　～時間　～日　～週間　～か月　～年(間)

（4）年龄。

年龄的读法见表12。

表 12　年龄的读法

年龄	读音	年龄	读音	年龄	读音	年龄	读音
1歳	いっさい	2歳	にさい	3歳	さんさい	4歳	よんさい
5歳	ごさい	6歳	ろくさい	7歳	ななさい	8歳	はっさい
9歳	きゅうさい	10歳	じゅっさい	20歳	はたち		

2. 常见的提问形式

常见的对时间、年龄等的提问形式有以下几种。

～今何時ですか；～何時(いつ)からですか。

～今年おいくつですか；何歳ですか。

3. 重点单词与句型解说

（1）单词。

① 寄る：有以下3个含义。

A. 靠近，挨近。

● 近くに寄って見る。

- 私のそばに寄らないでください。暑いでしょう。

B. 順路,顺便去。
- 帰りに友達の家に寄る。
- 郵便局に手紙を出したら、近くのスーパーにも寄ってきた。

C. 聚集,凑在一起。
- たくさんの人が寄って騒いでいる。
- あなたたちが寄っていて、何を企んでいるの。

② 持てる:受欢迎,有人缘,吃香。
- 彼はイケメンだから、女の子に持てるんだ。
- あの小説家は若い人たちに持っている。

③ 腕白:淘气,顽皮。
- 男の子は元気なら、少し腕白でもよい。
- やはり男はいくら年をとっても、腕白な少年だね。

(2) 句型。

① ～ないと:「ないといけない」的简略形式,表示必须。
- あっ、大変。急いででかけないと。
- お腹いっぱいなんで、ちょっと消化を助けないと。

② はず:接在用言连体形、"名词＋の"之后,表示理应、应当。
- 私の記憶力ではあのパン屋さんは7時半までのはずよ。
- 彼女は来年帰国するはずです。

③ のに:有以下两种用法。

A. 接续助词,表示转折,带有出乎意料、不满等语气。
- 真実を知っているのに、僕に全然教えてくれなかった。
- とても普通な化粧品なのに、1,000円で売っているなんて。

B. 终助词,表达不满、遗憾、惋惜的语气。
- 財布を落としちゃったの。現金いっぱい入ってたのに!
- 結局失敗してしまったか。今までけっこう頑張ってきたのに。

本课的实战训练材料基于时间、年龄话题,设定了听力难度、知识结构由低到高的基础篇、进阶篇、提高篇的三个梯度。

实战训练——基础篇

听录音，每段录音后有 1 小题，从 A、B、C 三个选项中选出最佳选项。每段录音只播放一遍。

Ⅰ. 时间

1. 今、何時ですか。
   A. 7 時 10 分　　　　B. 8 時 1 分　　　　C. 8 時 10 分
2. 明日は何曜日ですか。
   A. 金曜日　　　　　B. 土曜日　　　　　C. 日曜日
3. 二人はいつ映画を見ますか。
   A. 2 日　　　　　　B. 4 日　　　　　　C. 8 日

Ⅱ. 年龄

1. 李さんの妹さんは今年何歳ですか。
   A. 1 歳　　　　　　B. 21 歳　　　　　　C. 11 歳
2. 小林さんは今年おいくつですか。
   A. 25 歳　　　　　B. 29 歳　　　　　　C. 19 歳
3. 英語の先生は何歳ですか。
   A. 41 歳　　　　　B. 30 歳　　　　　　C. 40 歳

实战训练——进阶篇

听录音，每段录音后有 5 小题，先根据录音内容在下列题目的横线上填入适当的词语，然后再从 A、B、C 三个选项中选出最佳选项。每段录音只播放一遍。

Ⅰ. 时间

1. ① 今は＿＿＿＿だから、あと＿＿＿＿だよ。
   ② じゃ、いっしょに＿＿＿＿に行こう。
   ③ これから＿＿＿＿へ本を借りに行きたいんだけど。
   ④ 今日は金曜日だから、確か＿＿＿＿に閉館みたいだよ。
   ⑤ 日本語の授業は何時からですか。
   　　A. 3 時 20 分　　　B. 3 時 5 分　　　C. 3 時
2. ① 李さん、うちのゼミは皆さんの＿＿＿＿を皆で祝う習慣があるんだけど。

② 先輩、ぜんぜん大丈夫ですよ。_____です。
③ 私の_____が悪くて、ごめんなさい。
④ じゃ、王さんより_____早いですね。
⑤ 女の人の誕生日はいつですか。
  A. 12月24日
B. 12月2日
C. 12月20日

3. ① コンサートは7時からよ。会場までタクシーで15分ぐらいだから、_____に家を出れば大丈夫?
② いやいや。その時間帯、車が多いから。_____に出たほうがいいよ。
③ 先日、息子に野球のグローブを買ってあげる約束をしたから、僕は_____に寄るから、先に出るよ。
④ ゆっくり食事もしたいから、4時より_____出ましょうよ。
⑤ 二人は何時に家を出ますか。
  A. 6時30分   B. 4時   C. 3時

Ⅱ. 年齢

1. ① 田中さんは_____ですか?
② 田中さんは_____がいます。これは家族の写真です。
③ 弟さん、かっこいいですね。_____ですか?
④ 今年もう大学2年生で、_____を迎えるんですよ。
⑤ 田中さんの弟さんは今年何歳ですか。
  A. 19歳   B. 20歳   C. 22歳

2. ① 鈴木さん先月_____したそうですね。知ってましたか?
② 鈴木さんは奥さんと_____だったんですね。
③ それなら奥さんと_____ですね。
④ 妻は、修士課程を修了してから、_____働いたんですよ。
⑤ 鈴木さんの奥さんは鈴木さんと同じ年ですか。
  A. はい、同じ年です
  B. いいえ、2つ上です
  C. いいえ、2つ下です

3. ① すみません。_____の申請用紙をもらえますか?

② 年齢の所、昭和・平成しか選べないのですが。私、＿＿＿＿しか分からないんですが…
③ 昭和の場合、あなたが生まれた西暦から＿＿＿＿を引いてくだされば、昭和何年になりますよ。
④ 平成の場合は、＿＿＿＿が平成元年ですから。
⑤ 女性は西暦の何年生まれですか。
  A. 1966年   B. 1989年   C. 1965年

实战训练——提高篇

听录音，每段录音后有5小题，先根据录音内容在下列题目的横线上填入适当的词语，然后再从A、B、C三个选项中选出最佳选项。每段录音只播放一遍。

Ⅰ. 时间

1. ① ＿＿＿＿だよ。もういい時間だぞ。起きなくていいの？ 遅刻するぞ。
 ② まだ少し時間があるわ。今日は授業が＿＿＿＿からなのよ。余裕よ。
 ③ 昨日、先生が、用事があって、明日の授業はいつもより＿＿＿＿と言ったんだろう？
 ④ あっ、そうだった！大変。急いで＿＿＿＿と…
 ⑤ 今日の授業は何時からですか。
  A. 9時55分   B. 10時5分   C. 10時30分

2. ① ここ、＿＿＿＿本当においしかったね。
 ② これからこの辺の＿＿＿＿に行かない？
 ③ 以前、ネットで見たんだけど、近くに＿＿＿＿があるそうなので、ちょっと寄ってもいいかしら？
 ④ 7:30までのはずよ。私の＿＿＿＿ってけっこうすごいのよ。
 ⑤ 映画は何時からですか。
  A. 8時   B. 7時   C. 7時半

3. ① 新学期が始まりましたね。学校はどうですか？＿＿＿＿？
 ② ちょっと忙しいけれど、＿＿＿＿は授業がないので、ゆっくり休めます。
 ③ 週に数学の授業は＿＿＿＿ありますか？
 ④ 数学の先生、ちょっと＿＿＿＿ですけどね。
 ⑤ 数学の授業ない曜日は何曜日ですか。
  A. 木曜日   B. 金曜日   C. 土曜日

Ⅱ. 年龄

1. ① 昨日＿＿＿＿＿＿＿の写真です。どうぞ、ちょっと恥ずかしいけど。
   ② へぇー、＿＿＿＿＿＿＿家族なんですね。
   ③ 兄は私より三歳年上で、今年＿＿＿＿＿＿＿です。
   ④ 兄弟の中では僕が一番＿＿＿＿＿＿＿んですけど。
   ⑤ 弟は今年何歳ですか。
      A. 13歳　　　　　B. 15歳　　　　　C. 17歳

2. ① このパソコン、どうして上手く＿＿＿＿＿＿＿できないんだろう？
   ② 昨日、弟にコーヒーを＿＿＿＿＿＿＿の、本当にいたずらっ子でね。
   ③ 弟が＿＿＿＿＿＿＿でしょうがないわ。小さいときは可愛かったんだけどねー。
   ④ 田中さんに兄が一人います。田中さんより＿＿＿＿＿＿＿です。
   ⑤ 田中さんは今年何歳ですか。
      A. 17歳　　　　　B. 18歳　　　　　C. 21歳

3. ① 鈴木さん、わたし、＿＿＿＿＿＿＿を落としちゃったの。
   ② 財布の中に＿＿＿＿＿＿＿もあったけど、見た？
   ③ 見たよ。若く見えるね。それになかなの＿＿＿＿＿＿＿だし。
   ④ それに若くみえるけど、私より＿＿＿＿＿＿＿なのよ。
   ⑤ 木村さんは今年何歳ですか。
      A. 23歳　　　　　B. 25歳　　　　　C. 28歳

第8课　场所、属性

导语讲解

本课听力训练的主题为场所和属性。与场所有关的话题多出现于问路、位置确认、行程安排、旅行观光等场景之中。这部分训练不仅要求学习者熟悉各类场所名称，还要求熟练掌握方位名词，同时关注有关时间顺序及叙事顺序方面的表达。关于属性的话题涉及人、事、物等诸多方面，要重点掌握描述事物外形、特征、性质的名词、形容词、动词等，熟悉表达人物观点、情绪、感受、情感等的表达形式。

学习目标与重点

1. 常见相关词汇

（1）方位词。

左　右　前　後ろ　上　下　中　外　隣　縦　横　真ん中　中央　向こう　正面　端　突き当たり　近く　遠く　裏　表　東　南　西　北

（2）名词。

長さ　広さ　高さ　速さ　大きさ　重さ　厚さ　深さ　楽しみ　苦労　感心

（3）形容词。

外形类：厚い　薄い　大きい　小さい　高い　低い　長い　短い
　　　　太い　細い　多い　少ない　広い　狭い　深い　浅い
　　　　丸い　四角い　きれい　汚い　明るい　暗い　かわいい

性质类：悪い　良い　よろしい　近い　遠い　熱い　寒い　涼しい
　　　　暖かい　濃い　重い　軽い　早い　遅い　静か　賑やか
　　　　便利　不便　丈夫　おもしろい　つまらない　難しい
　　　　易しい　複雑　簡単　強い　弱い　安い　高い　柔らかい
　　　　固い　大切　大変　変　おかしい　特別　普通　危ない
　　　　安全　十分　鋭い　忙しい　暇　上手　下手　得意
　　　　優しい　厳しい　冷たい　親しい　親切　まじめ　珍しい
　　　　正しい　うるさい

感觉情感类：好き　大好き　嫌い　嫌　ほしい　うれしい　悲しい
　　　　　　楽しい　苦しい　不安　心配　眠い　痛い　だるい
　　　　　　ひどい

（4）常见动作词语。

困る　喜ぶ　怒る　楽しむ　疲れる

2. 常见的提问形式

常见的对场所、属性进行提问的形式有以下几种。

～はどこですか；～どこへ行きますか；～で…ますか。

～どうですか；～少し（ちょっと）…じゃない？

～どこがいいかな？

3. 重点单词与句型解说

（1）单词。

① 目玉：眼球；吸引人的中心事物。

- あれ、あの人は目玉の色が黄色い！かっこいいわ。
- 蘇州の目玉は全国的に有名な庭園群でございます。

② 優れる：有以下两个含义。

A. 佳，舒畅。

- 体調が優れない場合、ご遠慮なくおっしゃってください。
- 顔色が優れていないね。大丈夫なの。

B. 出色，卓越，杰出。

- 彼女はいろいろな点で私より優れている。
- とても優れた作品なんですね。ぜひ拝読させていただきます。

③ 嵌まる：有以下两个含义。

A. 套上，吻合。

- サイズが間違っているせいで、雨戸が全然はまらなかった。
- この契約は、すべての条件に嵌まっているから、サインしても大丈夫なんだ。

B. 掉进，陷入。

- けっこう面白いみたいですね。母もいい年して嵌まっています。
- 敵のわなにはまってしまったら、損失してしまうのは当然だろう。

（2）句型。

なんて：通俗语，有以下两种用法。

A. 由「など」变化而来，表示等等、之类。

- ソウルの中心部の喫茶店のコーヒーなんて東京より高いそうだ。
- ゲームなんて、僕はそれに全然興味がないんだ。

B. 竟然，表示意外。

- 先日突然韓国に行きたいなんて言い出しました。
- あの人の借金は1億円があるなんて、信じられない。

本课的实战训练材料基于场所、属性的话题，设定了听力难度、知识结构由低到高的基础篇、进阶篇、提高篇的三个梯度。

实战训练——基础篇

听录音,每段录音后有1小题,从A、B、C三个选项中选出最佳选项。每段录音只播放一遍。

Ⅰ. 场所

1. 図書館はどこですか。
   A. 食堂の左側　　　　B. 食堂の後ろ　　　　C. 青い建物
2. 切符売り場はどこですか。
   A. 緑の窓口　　　　B. 500メートルのところ　C. 青い窓口
3. 男の人は昨日どこへ行きましたか。
   A. 家にいる　　　　B. 本屋　　　　　　　C. 図書館

Ⅱ. 属性

1. 男の人はどの味のアイスクリームを選びましたか。
   A. いちご　　　　　B. マンゴー　　　　　C. チョコレート
2. 男の人はどんなパンツが好きですか。
   A. 黒いパンツ
   B. 短くて紺のパンツ
   C. 短くて黒いパンツ
3. チューハイーはどんな飲み物ですか。
   A. ジュース　　　　B. お茶　　　　　　　C. アルコール飲料

实战训练——进阶篇

听录音,每段录音后有5小题,先根据录音内容在下列题目的横线上填入适当的词语,然后再从A、B、C三个选项中选出最佳选项。每段录音只播放一遍。

Ⅰ. 场所

1. ① 山田くん、明日＿＿＿＿＿＿だけど、何をする?
   ② あっ、そうなんだ。＿＿＿＿＿＿一日だね。
   ③ 土曜日は殆ど同じ＿＿＿＿＿＿でさー。
   ④ デパートで＿＿＿＿＿＿をやってるよ。
   ⑤ 山田くんは明日の午後何をしますか。
   　　A. 家事をする　　　B. 映画を見る　　　C. バイトをする

2. ① _____、日本へ旅行に行ったそうですね。
   ② _____へは行ったことがありますから。
   ③ 日本への旅行は_____ぐらいですね。
   ④ 去年は_____でした。
   ⑤ 男性は先月どこへ旅行に行きましたか。
      A. 北海道や東京　　　B. 沖縄や九州　　　C. 京都や大阪

3. ① 8時にホテルのロビーで集合。_____出発します。
   ② _____からバス乗り場の近くのレストランで昼食をします。
   ③ 午後1:30にバスで市内に向かい、_____にホテルに着く予定です。
   ④ _____にロビーで集合して、一緒に北京の名物「北京ダック」のお店に行きます。
   ⑤ 明日の予定では、万里の長城での自由散策は何時間ですか。
      A. 4時間　　　　　　B. 2時間　　　　　　C. 6時間

Ⅱ. 属性

1. ① 村上さん、最近、あまり_____行ってないですね。
   ② ええ、家の近くの_____に通ってます。
   ③ _____はちょっと高いけど、仕事の後で、よく行きますよ。
   ④ 仕事が忙しいですから、_____の時間も必要ですね。
   ⑤ 男の人はジムに行く理由は何ですか。
      A. 値段は高いですから
      B. インストラクターがいいですから
      C. ジムに水泳プールがありますから

2. ① _____、少し高いんじゃない?
   ② その_____の白い椅子は?
   ③ _____ほど丈夫じゃないからね。
   ④ その木の椅子に_____があるよ。
   ⑤ 男の人と女の人はどんな椅子を買いましたか。
      A. 木の椅子
      B. プラスチックの椅子
      C. 白い椅子

3. ① すみませんが、_____とか、日本風の扇子などがほしいんですが。
   ② こちらは_____が大体そろっています。

③ また、＿＿＿＿＿もございます。
④ 全部＿＿＿＿＿ですよ。
⑤ 男の人は何を買いたいですか。
　A. 1980年代からの演歌のCD
　B. 日本風の扇子
　C. 1950年代前の演歌のCDと紙の扇子

实战训练——提高篇

听录音，每段录音后有5小题，先根据录音内容在下列题目的横线上填入适当的词语，然后再从A、B、C三个选项中选出最佳选项。每段录音只播放一遍。

Ⅰ. 场所

1. ① 行きたいところが＿＿＿＿＿て、迷っているんだ。
   ② もともとは＿＿＿＿＿へ行こうと考えてたんだけど、韓国の物価は高いそうだからね。
   ③ ＿＿＿＿＿の中心部の喫茶店のコーヒーなんて、東京より高いそうだし。
   ④ バイトでがんばって＿＿＿＿＿と。
   ⑤ 男の子は夏休みにどこへ行きますか。
   　A. 韓国
   　B. 国内
   　C. どこにも行きません

2. ① このきれいな花、どこで買ったの？＿＿＿＿＿もあるし。
   ② ここをまっすぐ行くと、＿＿＿＿＿ぐらい行ったところに本屋があるよね。
   ③ 本屋から右へ曲がって＿＿＿＿＿の角にケーキ屋があるよね？
   ④ うちの母はよく花を買うからね。実は＿＿＿＿＿の先生なんだぜ。
   ⑤ 花屋はどこにありますか。
   　A. 200メートルぐらいのところ
   　B. 二つ目の交差点
   　C. ケーキ屋の向かい側

3. ① 今回は皆様の蘇州案内の＿＿＿＿＿として勤めさせていただくことになりました。

② _____などの場合でも遠慮なくお申し出くださいませ。
③ 蘇州の_____はなんと言いましても全国的に有名な庭園群でございます。
④ ここからは_____ごろ出発の予定となります。
⑤ 明日の10時半ごろは、どこで見物をしますか。
  A. 獅子林　　　　　B. 拙政園　　　　　C. 蘇州博物館

Ⅱ. 属性

1. ① テレビドラマをよく見ますよ。あとは_____ぐらいですかねー。
 ② 僕は妻が見るとき_____だけです。
 ③ 妻は_____みたいですけど。
 ④ 僕には_____が難しすぎるから、あまり見ないんですよ。
 ⑤ 女の人はなぜお笑い番組を見ますか。
  A. 面白い
  B. 難しすぎる
  C. 笑いながら考えさせられる

2. ① 今朝慌てていて、_____を忘れて家を出てしまったんですよ。
 ② 最近、物忘れが激しいんです。本当に自分に_____てます。
 ③ _____で最近あまり寝ていなくて。
 ④ 最近試験が多くて。しかも、_____ばかりで…
 ⑤ 女の人はなぜ物忘れが激しいですか。
  A. 忙しいから　　　B. 疲れているから　　　C. 慌てたから

3. ① 明日からは雨で、特に_____は大雨だそうだ。
 ② 僕も_____してたんだけど。だめそうだなぁー。
 ③ _____もいっぱい溜まっているし、最近、休みの日は殆ど雨だわね。
 ④ 梅雨はまだなのに。今年はちょっと_____じゃない?
 ⑤ 男の人が最近雨の多い原因は何だと言ってますか。
  A. 梅雨が近い
  B. 冬は雨が降らなかった
  C. 気温が高かった

第三部分　主题训练(二)

第9课　衣

 导语讲解

本章将围绕衣之话题进行相关的听力理解和训练。

与衣相关话题的讨论,其着重点往往在颜色、款式、种类上。此类话题常出现于家庭日常穿着、商场购物询问、朋友间的交流等场合。通过围绕话题的场景会话,引导学习者学会和掌握有关衣的词语、句型、会话形式等,为衣之话题的听解能力的提高打下基础。

 学习目标与重点

1. 常见相关词汇

(1) 颜色。

形容词：赤い　青い　黄色い　白い　黒い

名词：紺色(の)　緑(の)

※ 注意区分形容词性和名词性相关词汇的接续。

(2) 种类。

洋服シャツ　ワンピース　ズボン　スカート　コート　パジャマ　スーツ　着物　振り袖　袴　制服

(3) 常见表示动作的词语。

着る　穿く　被る　履く　締める　脱ぐ

2. 常见的提问形式

对此类话题进行提问的形式有以下几种。

～にするか;にしますか;になさいますか。

～は似合いますか;お似合いですか。

～のは大丈夫ですか;いかがでしょうか。

～を着てもいいですか;着てもよろしいでしょうか;着てもかまいませんか。

3. 重点单词与句型解说

(1) 单词。

① 扱う:有以下3个含义。

A. 対待,接待。

● 鈴木さんはよく人を冷たく扱っている。

● 来る人をみんなお客様として扱ってください。

B. 处理,办。

● これはけっこう扱いにくい事件ですね。

● すべての書類は事務所の方が扱ってくれる。

C. 经营,管理。

● その品は当店では扱っておりません。

● この店では化粧品のほか、お薬も扱っています。

② 税込:含税。

商品购买时常见词汇。在日本购买商品时,价格牌上会明确标识商品税。所标识的价格分为「税込」(含税)和「税別」(不含税)两种。

③ 結婚披露宴:婚宴。

● 今週金曜日に近くのホテルで友達の結婚披露宴があって、一緒に行きませんか。

(2) 句型。

① 切れる。

接续:動詞連用形(ます)＋切れる。

意思:做完,做尽。

● 一日でこの小説を読み切れることができない。

● この服は期間限定なので、売り切れています。

② すぎる。

接续:動詞連用形(ます)＋すぎる。

　　　形容詞・形容動詞語幹＋すぎる。

意思:太……,过于……,过(火)。

● あなたはちょっと笑いすぎるんじゃないんですか。

- とても気に入った商品ですが、値段がちょっと高すぎて、買わないことにしました。

本课的实战训练材料基于衣的话题，设定了听力难度、知识结构由低到高的基础篇、进阶篇、提高篇的三个梯度。

实战训练——基础篇

听录音，每段录音后有 1 小题，从 A、B、C 三个选项中选出最佳选项。每段录音只播放一遍。

1. 日本語の先生は何を着ていますか。
   A. 赤いスカート　　　　B. 赤いコート　　　　C. 青いコート
2. 太郎さんはあした何を着ますか。
   A. Tシャツ　　　　　　B. ワイシャツ　　　　C. スカート
3. 田中さんは何を買いますか。
   A. ワイシャツと日よけ帽子
   B. ワイシャツとサングラス
   C. Tシャツとサングラス

实战训练——进阶篇

听录音，每段录音后有 5 小题，先根据录音内容在下列题目的横线上填入适当的词语，然后再从 A、B、C 三个选项中选出最佳选项。每段录音只播放一遍。

1. ① 百合、入学式は来週の_____？
   ② お母さんは_____で行く。
   ③ だけど、_____は色があまり好きじゃないなー。
   ④ _____はママが出すからね。
   ⑤ 娘はどのような服で入学式に参加しますか。
   　　A. 着物　　　　　　B. スーツ　　　　　　C. 袴
2. ① ほら、見て、この_____はどう？
   ② _____でもこんなきれいなコートを売っているの？
   ③ _____より安い？

④ ええ、税込＿＿＿＿だったの。
⑤ 女性はなぜコートを買いましたか。
　A. 安い　　　　　　B. 好きだ　　　　　　C. 着やすい

3. ① 昨日、田中先輩から学食に僕の＿＿＿＿があったって連絡があって行ったんですけど。
② ところで、＿＿＿＿はどう？難しい？
③ ＿＿＿＿困ることもあります。
④ ＿＿＿＿がいてよかったわね。
⑤ 男性が新しいマフラーを買ったのはなぜですか。
　A. 古くなったから　　B. 好きではないから　　C. 落としたから

实战训练——提高篇

听录音，每段录音后有 5 小题，先根据录音内容在下列题目的横线上填入适当的词语，然后再从 A、B、C 三个选项中选出最佳选项。每段录音只播放一遍。

1. ① この辺りは最新の＿＿＿＿で、今年の夏とても流行っています。
② 同じデザインで＿＿＿＿を一枚持っているだろう？
③ 家では＿＿＿＿がほしいと言ってたのに。また同じようなものが欲しいの？
④ 好きなようにしたら。どうせすぐ＿＿＿＿んだろうし。
⑤ 女性は何を買いましたか。
　A. 黄色いTシャツ　　B. 赤いTシャツ　　C. スカート

2. ① お客様、この＿＿＿＿はとてもお似合いですね。お客様の雰囲気にぴったりです。
② デザインは好きですが、赤はちょっと＿＿＿＿と思います。
③ では、この＿＿＿＿のはいかがでしょうか？
④ ちょうど売り切れています。＿＿＿＿なんですよー。
⑤ お客様は今日何を買いましたか。
　A. Tシャツ
　B. 赤いワンピース
　C. なにも買わなかった

3. ① 美恵ちゃん、来週、高校時代の親友の＿＿＿＿に参加するんだけど、

どんな服がいいかなあ?
② 親友なら_____もさせられるんじゃない? みんなの注目浴びるかもよ。
③ わたしなら…やっぱり、_____がお勧めね。
④ そうだけど…_____はどう?
⑤ 女性がワンピースにしない理由はなんですか。
　　A. 仕事に行くみたいな感じだから
　　B. 可愛いい格好だから
　　C. 人と同じものを着るのがいやだから

第10课　食

导语讲解

本课将围绕食之话题进行相关的听力理解和训练。

日本和我国的饮食文化，在餐桌礼仪等方面存在着明显的差异，食品的名称差异就更加显著了。围绕与食相关的话题讨论，本课重点集中在食品的名称、做法、吃法、喜好、价格上。此类话题常出现于家庭日常三餐、餐馆点餐等场合。通过围绕话题的场景会话，引导学习者学会和掌握有关食品的词语、句型、会话形式等，为食之话题的听解能力的提高打下基础。

学习目标与重点

1. 常见相关词汇

（1）名称。

日餐：丼物　親子丼　牛丼　天丼焼きそば　すき焼き　お好み焼き
　　　チキンカツ　トンカツ　天ぷら　ざるそば　うどん　ラーメン
　　　ご飯　うな重　お寿司　刺し身　味噌汁　とん汁　野菜炒め

西餐：オムライス　サラダ　サンドイッチ　パスタ　ハンバーグ
　　　カレーライス　コロッケ　ステーキ　ピザ

中餐：餃子　チャーハン　シューマイ　肉まん　四川料理　上海料理
　　　広東料理

(2) 做法。

炒める　煮る　焼く　揚げる　蒸す　ゆでる

2. 常见的提问形式

常见的提问形式有以下几种。

～はおすすめです；いかがでしょうか。

～がすきですか；は大丈夫ですか。

～紹介してもらえませんか；紹介していただけませんか。

～がありますか；が売れきれていますか。

3. 重点单词与句型解说

(1) 单词。

① 定食：日式套餐。

● すみません、トンカツ定食をお願いします。

● 定食は安くて美味しいから、今日のお昼はそれにしよう。

② 好物：自己(相当)喜欢的东西。

● 辛いものは何よりの好物です。

● あなたの好物はなんですか。

③ 日替わり：一日一变，每天都更新。

在日本，这个词语经常是在饭店推荐当日特价料理的时候使用。饭店每日会推出一款特价料理，一日一换，每日不同，且多出现于午餐场合，所以称为「日替わり」。常见的相关词汇有：日替わりランチ、日替わり定食。

● 今日の日替わり定食はうな重なんて、信じられない。

● 学生食堂の日替わりランチは400円なんだ。やすいね。

(2) 句型。

って：一种口语形式，语气比较随意，常用于口语会话中。有以下几种用法。

A. 替代助词「と」，表示内容的概括、总结。

● 吉野さんは明日来ないって言った。

● こちらの料理は美味しいって思わないの。

B. 替代「という」，意为"(谁)说，叫作，这个""这种"。

● さっき先生は明日の試験がとても簡体だって。

● 田中って人は、どんな人ですか。

● 桜って花は日本の国花だと言われている。

C. 替代「というのは」,意为"所谓……(事物)"。
- 期間限定って、いったい何なんですか。
- 地下街って、地下にある商店街のことでしょうか。

D. 替代诸如「そうです」「と聞きました」意为"听说"的句型。
- 田中さんの話によれば、鈴木さんの結婚披露宴がキャンセルされてしまったって。
- 部長の話によりますと、来月給料が上がることになるって。

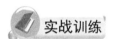实战训练

本课的实战训练材料基于食的话题,设定了听力难度、知识结构由低到高的基础篇、进阶篇、提高篇的三个梯度。

实战训练——基础篇

听录音,每段录音后有 1 小题,从 A、B、C 三个选项中选出最佳选项。每段录音只播放一遍。

1. 男の人は、昼ご飯は何を食べましたか。
   A. パン　　　　　　B. カレーライス　　　　C. ラーメン
2. 白いものは何ですか。
   A. イカ　　　　　　B. サーモン　　　　　　C. マグロ
3. 男の人は何を注文しましたか。
   A. 焼きギョウザと水ギョウザ
   B. 水ギョウザと野菜サラダ
   C. 焼きギョウザと野菜サラダ

实战训练——进阶篇

听录音,每段录音后有 5 小题,先根据录音内容在下列题目的横线上填入适当的词语,然后再从 A、B、C 三个选项中选出最佳选项。每段录音只播放一遍。

1. ① リンさんは＿＿＿＿が好きですか?
   ② 甘いものなら、＿＿＿＿好きですよ。
   ③ 例えば、飴、ジュース、＿＿＿＿、ケーキなどですね。
   ④ ＿＿＿＿は大体甘い物が好きですね。

⑤ リンさんが一番好きな物が何ですか。
　　A. クッキー　　　　B. ケーキ　　　　C. パン
2. ① 近くの＿＿＿＿のお店に行こうと思います。
　② 私は辛い物が苦手なんで、＿＿＿＿にします。
　③ 私は辛い物が好きなんで、＿＿＿＿にします。
　④ 今日だけの特別サービスメニューの＿＿＿＿もあるよ。
　⑤ 女の人はどんな定食を注文しましたか。
　　A. 寿司定食　　　B. マーポー豆腐定食　　C. 豚カツ定食
3. ① 佐藤さん、よかったら、＿＿＿＿をどうぞ。
　② 僕は、高いからというか、スーパーに行っても＿＿＿＿を忘れちゃうんですよ。
　③ 実家に住んでいた時は、母がよく＿＿＿＿を買ってテーブルに置いてくれました。
　④ ＿＿＿＿は一番食べやすいからですね。
　⑤ 男の人はよくどんな果物を食べていましたか。
　　A. イチゴ　　　　B. みかん　　　　C. りんご

实战训练——提高篇

听录音,每段录音后有5小题,先根据录音内容在下列题目的横线上填入适当的词语,然后再从A、B、C三个选项中选出最佳选项。每段录音只播放一遍。

1. ① ＿＿＿＿を食べている人が先学期中国の延辺から留学してきたウさんです。
　② ふたりとも日本語の＿＿＿＿ですよ。
　③ 皆さんは＿＿＿＿が好きみたいですね。
　④ 実は私もよくおにぎりを食べますよ。特に＿＿＿＿が好きです。
　⑤ ゴさんは何を食べていますか。
　　A. 食パン　　　　B. おにぎり　　　　C. 明太子
2. ① この店の＿＿＿＿は美味しいですねぇ。値段もちょうどいいぐらいだし。
　② 僕、＿＿＿＿は殆どこの店なんだ。
　③ 明日は＿＿＿＿じゃないですか！私の好物なんです。
　④ 同僚からは＿＿＿＿って呼ばれてます。

⑤ 火曜日のランチは何ですか。
  A. 親子丼　　　　　B. すき焼き丼　　　　C. オムライス

3. ① _____は1本78円です。
 ② _____は1袋で56円です。
 ③ _____は1本でたった46円です。
 ④ そちらの_____は丸々一個、102円ですよ。
 ⑤ 男の人は野菜をいくら買いましたか。
  A. 170円　　　　　　B. 180円　　　　　　C. 102円

第 11 课　住

导语讲解

本课将围绕住之话题进行相关的听力理解和训练。

这里要特别说明一下，本课听力材料基于外国人在日本居住这种常见的情况。因此，本课关于住的话题讨论，着重点往往在租赁地点、租赁费用、房屋种类上。此类话题常出现于留学生租赁、公司白领租赁等场合。通过围绕话题的场景会话，引导学习者掌握有关住的词语、句型、会话形式等，为住之话题的听解能力的提高打下基础。另外，在租赁房屋的会话过程中，房屋中介在对接客户的时候，日语敬语体系中的尊他语使用的频率极高。

学习目标与重点

1. 常见相关词汇

（1）地点。

最寄り駅　大学隣接　地下鉄隣接

（2）种类。

アパート　マンション　一戸建て　新築　LDK　1K　ユニットバス

（3）费用。

家賃　敷金　礼金　管理費

2. 常见的提问形式

常见的提问形式有以下几种。

～どのような物件をお求めでしょうか。
～予算はどのくらいでしょうか。
～(敷金・礼金)免除できますか。
～に近くて家賃はくらいのお部屋はありませんか。

2. 重点単词与句型解说

(1) 単词。

① 物件：日语中的「物件」一词，除了有和中文相同的"物品、物件、东西"含义之外，还特指"土地、建筑物、不动产"。因此，在日本租赁房屋的场合，其会话中必然会出现这个词。

- この不動産会社には、お得な物件いっぱいありますよ。
- 我が社は、お客様の要望に応じて、物件をおす勧めいたします。

② 適う：适合，合乎，符合。

- この契約にはちょっとうちの要望に適わない部分があります。
- やはり鈴木部長は社長の理想に適った有能者なのです。

(2) 句型。

尊敬语(尊他语)：日语的敬语主要用于对会话中涉及的人物或听话人表示敬意。在日常生活中，根据不同的场面、不同的对象，要使用不同的敬语。一般来说，日语敬语可分为三种：「尊敬語」(尊他语)、「謙譲語」(自谦语)、「丁寧語」(郑重语)。其中，「尊敬語」用抬高会话中的人物、听话人或听话人一方的方式表示敬意，尤其在服务行业更为常见。本课中，在有关租赁房屋的场合及房屋中介面对客户时均使用尊他语。主要有以下几种表现方式。

A. 名词类：方　奥さん　貴社　貴校　お嬢さん　ご両親

B. 动词类：いらっしゃる　くださる　なさる　おっしゃる

C. 助动词类：れる　られる

D. 句型类：

お　五段　一段　ます　　になる
ご　サ変動詞語幹　　　です
　　　　　　　　　　　ください

- お探しになった物件はございません。
- 家賃などの説明について、お分かりでしょうか。
- お客様のご要望にかなう物件はたくさんございますので、ご安心ください。

 实战训练

本课的实战训练材料基于住的话题,设定了听力难度、知识结构由低到高的基础篇、进阶篇、提高篇的三个梯度。

实战训练——基础篇

听录音,每段录音后有1小题,从A、B、C三个选项中选出最佳选项。每段录音只播放一遍。

1. 一年生の寮はどの建物ですか。
    A. 赤い建物　　　　　B. 赤い建物の左　　　　C. 白い建物
2. 3807号室はどこですか。
    A. ここの3階　　　　B. となりのビルの3階　　C. 本館の3階
3. 男の人と女の人はこれからどうしますか。
    A. 駅の西口をでる　　B. 駅の南口をでる　　　　C. 駅の東口をでる

实战训练——进阶篇

听录音,每段录音后有5小题,先根据录音内容在下列题目的横线上填入适当的词语,然后再从A、B、C三个选项中选出最佳选项。每段录音只播放一遍。

1. ① あらー、本当だ。あの_____の神谷さんだ。
   ② たぶん何かの番組の_____かな?
   ③ 世田谷区にすっごく大きな別荘があるとか、離婚されてるとか、彼のいろいろな_____が飛んでいるよ。
   ④ 違うけど、私の_____がその辺だから。
   ⑤ 神谷さんの家はどこですか。
       A. 奈央ちゃんのおじさんの家の近く
       B. すごく大きい別荘の近く
       C. 奈央ちゃんの家の近く
2. ① すみません。ちょっと_____んですが。
   ② _____を探しているんですが…
   ③ この廊下を通って突き当たった所を_____に曲がってください。
   ④ そして、_____を降りて左手です。

⑤ 学長室へどのように行きますか。

　　A. 廊下から左へ曲がりエレベーターに乗って10階へ

　　B. 廊下の突き当たりから右へ曲がりエレベーターに乗って10階へ

　　C. 廊下の突き当たりから左へ曲がりエレベーターに乗って10階へ

3. ① こんにちは。ちょっと＿＿＿＿＿のことについてお聞きしたいのですが。

　② お探しの物件の＿＿＿＿＿についてお伺いをしてもいいですか？

　③ できるだけ＿＿＿＿＿をお願いします。

　④ ご要望にかなう物件はございますが、家賃は大体月に＿＿＿＿＿ですね。

　⑤ 女の人のマンション探しの第一条件は何ですか。

　　A. 小学校と幼稚園に近い　　B. 駅に近い　　C. 3LDK

实战训练——提高篇

听录音，每段录音后有5小题，先根据录音内容在下列题目的横线上填入适当的词语，然后再从A、B、C三个选项中选出最佳选项。每段录音只播放一遍。

1. ① いらっしゃいませ。どうぞおかけください。どのような＿＿＿＿＿をお求めでしょうか？

　② こちらの＿＿＿＿＿はいかがでしょうか。駅に近いし、大学まで電車で50分ぐらいです。

　③ それに、今留学生向けのキャンペーンをやっていて、＿＿＿＿＿ができます。

　④ ＿＿＿＿＿は先に2か月分の家賃と50,000円の敷金が必要です。

　⑤ 男の人は最後どこの住まいを選びましたか。

　　A. 雪マンション　　B. 桜アパート　　C. 大学の寮

2. ① じゃ、明日の＿＿＿＿＿でいい？

　② うん。オッケー。＿＿＿＿＿ね。遅れないでよ！先週みたいに！

　③ じゃ、駅の向こう側の＿＿＿＿＿ではどう？あそこなら少しましかも。

　④ ＿＿＿＿＿でどう？駅にも近いし。

　⑤ この二人は明日どこで待ち合わせますか。

　　A. ハチ公前広場　　B. デパートの西口　　C. デパートの東口

3. ① ホテルを出ると、すぐ_____にバス停があるわよね。
   ② そこで_____の浜町公園行きのバスに乗って、終点の浜町公園で降りてちょうだい。
   ③ 実は、家は_____のすぐ近くなんだけど。
   ④ 田中君は私の隣の_____よ。
   ⑤ 花ちゃんはどこに住んでいますか。
      A. 浜町公園の芭蕉第三ビルの305号室
      B. 江東区芭蕉第三ビルの305号室
      C. 江東区芭蕉第三ビルの304号室

第12课　行

导语讲解

本课将围绕行之话题进行相关的听力理解和训练。

出行的时候，交通工具是必不可少的。在日本，「電車」「地下鉄」「バス」「自転車」「車」「タクシー」是常用的交通工具。其中，「電車」「地下鉄」「バス」这三类交通工具，由于涉及「運行時刻表」和票价等因素，相关行的话题讨论，着重点在如何表达运行方向、运行时间、车站地点、交通工具、票价等方面。这样，对表示方位词语的熟悉度就显得至关重要。本课将通过围绕话题的场景会话，引导学习者学会和掌握有关住的词语、句型、会话形式等，为住之话题的听解能力的提高打下基础。

学习目标与重点

1. 常见相关词汇

（1）方向、方位。

上　下　左　右　中　外　前　後ろ　最寄り　～行　～方面

（2）交通工具。

電車　地下鉄　モノレール　タクシー　飛行機　新幹線　船

（3）种类。

始発　終電　ワンマン　普通　快速　急行　直行

(4) 动作。

乗る　乗り換える　見込む　到着する　発車する　止まる

2. 常见的提问形式

常见的提问形式有以下几种。

～に行くなら、何が一番便利なんですか。

～と～、どちらが安い・便利・早いですか。

～から～まで、どのぐらいかかりますか。

3. 重点单词与句型解说

(1) 单词。

① 乗り換える：换乘，转乘。此单词也常见「乗り換え」这样的名词性用法。
- 京都行きの新幹線は新大阪駅で乗り換える。
- 鹿児島行きの電車は直行なので、乗り換えは不要です。

② 間に合う：赶得上，来得及。
- あら、急ですね。準備などは間に合わないと思いますが。
- こんなミスを犯してしまったとは、後悔しても間に合わないのよ。

(2) 句型。

てみる：这个句型是动词「て」形活用引导的常规句型。此句型常被认为尝试体，译成"试着，尝试"。在本课中，「てみる」这个句型多次出现，但是其意不是尝试，而是指前一动作后接「見る」，表示"动作＋看"。
- 新しい博物館ができたって、一度行ってみたいな。
- —お客様、これはいかがでしょうか。
  —あっ、結構です。ちょっと見てみるだけですから。

实战训练

本课的实战训练材料基于住的话题，设定了听力难度、知识结构由低到高的基础篇、进阶篇、提高篇的三个梯度。

实战训练——基础篇

听录音，每段录音后有 1 小题，从 A、B、C 三个选项中选出最佳选项。每段录音只播放一遍。

1. 李さんは今日、何で学校へ行きますか。

　　A. バス　　　　　　B. タクシー　　　　　C. 歩いて

2. 男の人は何で北京へ行きますか。
   A. 自動車　　　　　B. 飛行機　　　　　C. 鉄道
3. 女の人はどうやってスーパーへ行きますか。
   A. 歩く　　　　　　B. バス　　　　　　C. タクシー

实战训练——进阶篇

听录音，每段录音后有 5 小题，先根据录音内容在下列题目的横线上填入适当的词语，然后再从 A、B、C 三个选项中选出最佳选项。每段录音只播放一遍。

1. ① 今日は土曜日ですから、＿＿＿＿＿＿のバスはありませんよ。
   ② ＿＿＿＿＿＿のバスも駅に行きますけど、今、ちょうど5時だから、あと10分で5番のバスが来ますよ。
   ③ ＿＿＿＿＿＿は松ヶ丘団地に寄ります。2番は直通ですけど。
   ④ ＿＿＿＿＿＿も朝霧団地に寄りますよ。
   ⑤ 男の人は何番のバスに乗りますか。
      A. 1番　　　　　B. 2番　　　　　C. 5番
2. ① 日曜日の＿＿＿＿＿＿なんだけど、鈴木さんはどうやって南山劇場へ行きますか。
   ② ＿＿＿＿＿＿で行ったことがありますが、2時間ぐらいもかかりましたよ。
   ③ 雨ですか。じゃ、＿＿＿＿＿＿にしましょう。
   ④ でもバスだと、降りてから＿＿＿＿＿＿歩きますよね。
   ⑤ 二人は、日曜日何で南山劇場へ行きますか。
      A. 自転車　　　　B. 電車　　　　　C. バス
3. ① もうすぐ＿＿＿＿＿＿ですね。どこかへ旅行に行きましょうか。
   ② この前、駅で＿＿＿＿＿＿っていう旅行パンフレットを偶然見て、行ってみたいなぁと思ったんだけど。
   ③ ＿＿＿＿＿＿は高いし、＿＿＿＿＿＿も嫌だし…
   ④ ＿＿＿＿＿＿すごく時間が掛かりますよ。
   ⑤ 二人は何で海へ行きますか。
      A. 飛行機　　　　B. 船　　　　　　C. 新幹線

实战训练——提高篇

听录音,每段录音后有5小题,先根据录音内容在下列题目的横线上填入适当的词语,然后再从A、B、C三个选项中选出最佳选项。每段录音只播放一遍。

1. ① 昨日は大変でしたね。天気が_____ちゃったみたいで…
   ② 台風で_____が止まっちゃったんですよ。
   ③ 夜_____でした。家に着いたときには疲れて、死にそうでしたよ。
   ④ 時間も結構遅くなっちゃったんですね。_____で帰ったんですか?
   ⑤ 女の人は昨日、どのように帰りましたか。
      A. 電車   B. バス   C. 徒歩
2. ① _____にお話する事がありますから。ちょっと大事な話が。
   ② 午前中の電話では_____に家を出ると言ってましたよね。
   ③ 普段は家の近くの駅から_____で来るんですけど。
   ④ それで普通より_____も早かったんですね。
   ⑤ 女の人はなぜ店にいつもより早く着きましたか。
      A. タクシーに乗った   B. 新快速に乗った   C. 快速に乗った
3. ① 実は、明日、ちょうど授業もアルバイトもないから、_____に行こうと思って電話しました。
   ② 大学から_____で30分ぐらいの市民公園はどうですか?
   ③ 市民公園なら、私の家から近いので、僕は_____でも行けますが。
   ④ じゃ、明日公園の_____で会うのはどうですか?
   ⑤ 男の人はどのように公園へ行きますか。
      A. バス   B. 自転車   C. 歩く

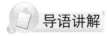

第13课 学

导语讲解

本课将围绕学之话题进行相关的听力理解和训练。

与学相关话题的讨论,常出现于留学生在语言学校或大学、日本人讨论

日常兴趣、学生课外兴趣班等场合。如此一来，与学校的类型、学习的场所、学习的内容等相关的词汇就显得至关重要。本课将通过围绕话题的场景会话，引导学习者学会和掌握有关学的词语、句型、会话形式等，为学之话题的听解能力的提高打下基础。

 学习目标与重点

1. 常见相关词汇

（1）场所。

塾　予備校　日本語学校　教室　専門学校　大学　大学院

（2）内容

生花　社交ダンス　外国語学習　ゴルフ　大学センター試験対策　和菓子制作　撮影　コンピュータ　着物　剣道　茶道　書道

（3）身份。

留学生　小学生　中学生　高校生　大学生　院生　修士　博士

2. 常见的提问形式

常见的提问形式有以下几种。

～自由に選択できますか。

～この教室・学校・塾で を教えていますか。

～毎日どのぐらい勉強していますか。

～は今回の試験に出します。

3. 重点单词与句型解说

（1）单词。

①「興味」と「趣味」。

日语中的「興味」和「趣味」，都译成"兴趣"，初学者往往分不清这两个词汇的使用场合，这里介绍一个简单的区分方式。

「興味」可译成"兴趣，兴致"。这个词通常具出很强的动作性，即"对……产生兴趣，对……有兴趣"。用日语来表达就是：に興味がある、に興味を持つ。

「趣味」可译成"兴趣，爱好，嗜好"。相对于「興味」的动作性，「趣味」则更多体现出名词性。

- 最近生花に興味を持つようになったの。おすすめの教室はないですか。

- 百合ちゃんの趣味はホラー映画鑑賞だって、へ〜、全然あの子らしくないわ。

(2) 句型。

约音：指是词汇在使用过程中，其发音出现的省略、连续的现象。日语的约音恰恰是日语会话过程中的常用发音方式。本课将归纳一些日语常用句型的约音现象。

① ておく→とく
- 言っておきたいことがある。どんな結果になっても、私には責任なかんないんだ。
- 百合ちゃん、お部屋を片付けといて、お客さんがくるから。

② てしまう→ちゃう/ちまう/ちゃった/ちまった
　　でしまう→じゃう/じまう/じゃった/じまった
- やばい。もらったばかりの給料を全部使っちゃった。
- 万が一、午後の手術は失敗しちゃうものなら、死んじゃうのよ。

③ では→じゃ
- じゃ、皆さん、そろそろ終わりにしましょう。
- これは私の責任じゃありません。

④ ては→ちゃ
- 嘘をついちゃいけないんだよ。ちゃんと真実を言え！
- これは他人に言っちゃいけないことなんだ。

⑤ なければ→なきゃ
- どうして僕は行かなきゃいけないの。理由を教えてくれ。
- 自分のことは自分でやらなきゃ。

⑥ ている→てる　　ていない→てない
- わかってる！わかってる！もう言わないでよ。
- あなたを愛してないわけじゃないけど、ただし今の状況で、結婚なんかちょっとね。

 实战训练

本课的实战训练材料基于住的话题，设定了听力难度、知识结构由低到高的基础篇、进阶篇、提高篇的三个梯度。

实战训练——基础篇

听录音,每段录音后有 1 小题,从 A、B、C 三个选项中选出最佳选项。每段录音只播放一遍。

1. 女の人はどんな科目を選びましたか?
   A. 国際関係　　　　B. 韓国語　　　　C. フランス語
2. 男の人は今何を勉強していますか。
   A. 英語　　　　B. フランス語　　　　C. スペイン語
3. 男の人の奥さんの授業がない日はいつですか。
   A. 月曜日　　　　B. 土曜日　　　　C. 火曜日

实战训练——进阶篇

听录音,每段录音后有 5 小题,先根据录音内容在下列题目的横线上填入适当的词语,然后再从 A、B、C 三个选项中选出最佳选项。每段录音只播放一遍。

1. ① 王さん、＿＿＿＿＿、どこかへ遊びに行きますか?
   ② 東京へ来てから、＿＿＿＿＿とか、＿＿＿＿＿とか行ったことありますか?
   ③ 今回せっかくの＿＿＿＿＿の休みがありますから、国に帰りたいと思います。
   ④ でも、調査の合間を利用して、＿＿＿＿＿もしましたよ。
   ⑤ 女性が春休みに国に帰らなかったのはなぜですか。
      A. ゼミの旅行　　　　B. ゼミの調査　　　　C. 沖縄旅行
2. ① 今学期から、＿＿＿＿＿を選択することができると聞いているけど、佐々木さんはどんな科目を選んだ?
   ② ええー、＿＿＿＿＿みたいよ。どうして中国の歴史?
   ③ もちろん、＿＿＿＿＿もあるし。
   ④ 大学を卒業してから、＿＿＿＿＿に行きたいと思ってるからね。
   ⑤ 男の人はどうして中国の歴史を選びましたか。
      A. 彼は中国人です
      B. 彼は中国に住んでいます
      C. 中国の歴史に興味があります

3. ① 最近、うちの＿＿＿＿にコンピューターの操作を教えてるよ。
   ② 僕は毎晩2時間ぐらい＿＿＿＿を勉強してるよ。
   ③ ううん、＿＿＿＿に教えてもらっています。
   ④ 兄は＿＿＿＿が上手だから。
   ⑤ 今、英語を勉強している人は誰ですか。
      A. おじいちゃん　　　B. おばあちゃん　　　C. おとうと

实战训练——提高篇

听录音,每段录音后有5小题,先根据录音内容在下列题目的横线上填入适当的词语,然后再从A、B、C三个选项中选出最佳选项。每段录音只播放一遍。

1. ① 鈴木さん、元気なさそうだけど、大丈夫？＿＿＿＿も悪いみたいだけど…
   ② 今日は休みたいなと思ったんだけど、＿＿＿＿があるから来たの。
   ③ 勉強が大事っていう事情はわかるけど、それにしても今夜はゆっくり＿＿＿＿がいいよ。
   ④ ありがとう。でも、今夜、＿＿＿＿もしなくちゃー。もー最悪！
   ⑤ 女の人は今夜何をしますか。
      A. しっかり復習
      B. ゆっくり休む
      C. ちゃんと試験準備
2. ① 今さ、＿＿＿＿をしててね。オタクみたいな生活だよ。
   ② 僕ね、実は、先週まで＿＿＿＿をしてたんだ。
   ③ ずっと前は＿＿＿＿とか弁護士とかの資格を取るとか言ってたわよね。
   ④ 先週、試験が終わったところ、発表は＿＿＿＿。
   ⑤ 男の人はどんな資格を取りたいですか。
      A. 税理士　　　　B. 弁護士　　　　C. 看護士
3. ① 最近、＿＿＿＿の感染状況がひどいから、じっと家にいるんだけど。
   ② 僕は、この時間を利用して、＿＿＿＿の勉強してるんだよ！
   ③ うちの会社はブラジルに事務所があるんだけど、さすがに＿＿＿＿ができる人はいなくて、しかたなく英語のできる奴を派遣してい

るよ。
④ あのね、これから、うちの会社は_____にも工場を建てる予定だからね。いずれは必要になるの。
⑤ 女の人はこれからも何語を勉強しますか。
　　A. ポルトガル語　　　B. スペイン語　　　C. 英語

第14课　娱

本课将围绕娱之话题进行相关的听力理解和训练。

娱乐是生活中不可缺少的一部分。娱乐的方式多种多样，除了常见的「カラオケ」「ゲーム」「旅行」「映画鑑賞」之外，诸如「ゴルフ」「水泳」等的体育活动项目，在某些场合也可称为"娱"。与娱的相关话题，常现于节假日约会、宾客招待、活动庆祝、外出旅行等场合。本课将通过围绕话题的场景会话，引导学习者学会和掌握有关娱的词语、句型、会话形式等，为娱之话题的听解能力的提高打下基础。

 学习目标与重点

1. 常见相关词汇

（1）方式。

映画鑑賞　カラオケ　歌舞伎　漫才　能　ゴルフ　水泳　パーティー　国内・海外旅行　テレビ・携帯ゲーム　展覧会　展示会　花火大会

（2）场所。

映画館　カラオケボックス　歌舞伎座　劇場　ゲームセンター

2. 常见的提问形式

常见的提问形式有以下几种。

～(時間)は空いていますか。

～でよろしいでしょうか・いかがでしょうか。

～に行きませんか・行こうか。

～の情報を知っていますか、行きたいですから。

3. 重点单词与句型解说

(1) 単词。

① 慌てる：慌张，急忙。
- 旅行って、ゆっくりその場所を楽しむことだろう。慌てて回ってしまって、何の意味があるの
- 慌てて宿題終わった、間違い。

② ストレス：(精神上的)压力。惯用搭配为「ストレス解消・発散」(解压)、「ストレス太り」(压力肥)等。
- ―けっこうストレス溜まっている。
  ―今の仕事のせいなら、やめたら。
- ストレス発散って、ストレス解消と同じ意味ですか。

(2) 句型。

① ことはない。

接续：简体句＋ことはない。

意思：没必要。
- これぐらいの仕事、自分で扱うことはないよ。部下にやらせたら。
- あなたも責任者だろう。何もかもいちいち私に報告することはない。

※ 同样意思的句型：必要はない。

② ～し～し。

接续：用言简体。

意思：

A. 表示并列。意为"又……又……，既……又……，也……也……"。
- 鈴木さんは英語もできるし、中国語もできるし、本当に優秀な人材なんです。
- 強雨だし、台風だし、体験したことのない悪天候だ。

B. 表示原因、理由，意为"因为……"。
- 近いんだし、時間があったら、ぜひ遊びに来てください。
- 近くにコンビニさえもないし、本当に不便なんだ。

C. 表示累加，意为"又"。
- お金もないし、旅行なんて行くもんか。
- あなたのことを言っているわけじゃないし、なぜこんなに緊張しているの。

 实战训练

本课的实战训练材料基于住的话题,设定了听力难度、知识结构由低到高的基础篇、进阶篇、提高篇的三个梯度。

实战训练——基础篇

听录音,每段录音后有 1 小题,从 A、B、C 三个选项中选出最佳选项。每段录音只播放一遍。

1. 高橋さんは今週の週末、何をしますか。
   A. 映画を見に来ます
   B. 何もしません
   C. アルバイトに行きます
2. 男の人はこれから何をしますか。
   A. 用事があります　　B. 帰ります　　C. 二次会に行きます
3. 二人は今週の土曜日にどこへ行きますか。
   A. 学校　　　　　　B. バイト　　　　C. 遊園地

实战训练——进阶篇

听录音,每段录音后有 5 小题,先根据录音内容在下列题目的横线上填入适当的词语,然后再从 A、B、C 三个选项中选出最佳选项。每段录音只播放一遍。

1. ① 鈴木さんは、どんな_____が好きですか?
   ② そうですね。_____などが好きです。
   ③ 毎日会社が忙しいから、やっぱり_____の時間が必要ですね。
   ④ 最近忙しくて_____に行く時間もないから、残念です。
   ⑤ 男の人は最近リラックスするために何をしていますか。
      A. スキーと山登りをしています
      B. 水泳とヨガをしています
      C. ヨガしかしていません
2. ① 今日の午後、社会実践として_____についての映画を見に行かない?
   ② 行きたいけど、でも、今日は_____だよ。

③へえ？そうなんだ。前は女性への割引は_____じゃなかった？
④うーん、そうね、朝は_____があるから、午後四時でどう？
⑤二人は何曜日に映画を見ることにしましたか。
　　A. 月曜日　　　　　B. 木曜日　　　　　C. 水曜日

3. ①高橋さん、どうぞ、_____です。
　②小澤さんは水の調査で_____に行ったの？どうだった？
　③_____にも行った？
　④高橋さんもいつか_____と一緒に行ってみたら？
　⑤小澤さんは誰と一緒に旅行に行きましたか。
　　A. 高橋さんと一緒に行きました
　　B. 家族と一緒に行きました
　　C. 恋人と一緒に行きました

实战训练——提高篇

听录音，每段录音后有5小题，先根据录音内容在下列题目的横线上填入适当的词语，然后再从A、B、C三个选项中选出最佳选项。每段录音只播放一遍。

1. ①今週の土曜日、_____に行きませんか？嵐山の紅葉はもう赤くなったみたいですよ。
　②実は、最近、私、_____にあまり行ってないんですよ。
　③私、本当は_____なんです。
　④僕も下手ですから。自慢じゃないけど、みんなから_____って言われてますよ。
　⑤二人が土曜日にカラオケに行ったのはなぜですか。
　　A. 足の具合がよくないから
　　B. 雨が降るそうだから
　　C. ストレスの発散にもなるから

2. ①先週も_____に、勉強してただろう？偉いなぁって思ってたんだよ。
　②そうだけど、やっぱり不安だよ。今回は_____し。
　③今月は花火大会もあるし、_____もあるし、全部行ってみたいなあ。

④ ボタンの展示会は_____やってるよ。慌てて全部行くことはないさ。
⑤ 二人は試験の後一緒に何をしますか。
　A. 試験に参加する
　B. ボタン展示会に行く
　C. 花火大会に行く

3. ① もう十四日？明後日は田中さんの_____だよね。
② 私もまだよ。今日一緒に_____？
③ 今日はちょっと無理、昼から_____し…明日はどう？
④ そうしたいんだけど、_____があるのよ。
⑤ 小野さんは明日の午前中は何をしますか。
　A. アルバイトをする
　B. 塾に行く
　C. 買い物をする

第四部分 综合训练

日语听力综合训练（一）

第一节

听下面7段录音，每段录音后有1小题，从A、B、C三个选项中选出最佳选项。每段录音只播放一遍。

1. 女の人はどこへ山田先生を迎えに行きますか。
   A. 空港　　　　　　B. 駅　　　　　　C. 会場
2. 今日は何日ですか。
   A. 八日　　　　　　B. 二日　　　　　　C. 四日
3. 女の人はどうして元気がないのですか。
   A. 犬が帰ってこないからです
   B. 財布を落としたからです
   C. 風邪だからです
4. 二人はどの店に決めますか。
   A. 懐石料理　　　　　B. 中華料理　　　　　C. 西洋料理
5. 男の人は何時にまた電話をかけますか。
   A. 3時　　　　　　B. 4時　　　　　　C. 5時
6. 女の人は昨日何をしましたか。
   A. ブックオフへ行って、古本を買いました
   B. ブックオフへ行きましたが、何も買いませんでした
   C. ブックオフへ行って、ブランド品を買いました
7. 男の人は何を買いますか。
   A. 赤いバラの花
   B. ピンクのカーネーション
   C. 赤いカーネーション

第二节

听下面 4 段录音，每段录音后有 2 小题，从 A、B、C 三个选项中选出最佳选项。每段录音只播放两遍。

8. おそらく男の人はどの科目が不合格でしたか。
    A. 国語　　　　　　　B. 数学　　　　　　　C. 英語
9. 男の人はどうして遅刻しましたか。
    A. 寝坊したからです
    B. 試験の時間を間違えたからです
    C. 交通渋滞に巻き込まれたからです
10. 誰が入院していますか。
    A. 鈴木さん
    B. 麻結さん
    C. 佳奈さん
11. 男の人はまず何をしますか。
    A. 麻結さんの両親に電話します
    B. お見舞いに行きます
    C. チケット代金の払い戻しを受けます
12. 何時に西洋美術館につきますか。
    A. 7時50分　　　　　B. 8時　　　　　　　C. 9時
13. 皆で何箇所へ行きますか。
    A. 一ヶ所
    B. 二ヶ所
    C. 三ヶ所
14. 一番高いお茶は何番目ですか。
    A. 一番目
    B. 二番目
    C. 三番目
15. 正しいものはどれですか。
    A. 一番目のお茶は二つの味がします
    B. 二番目のお茶はダイエットにふさわしいです
    C. 三番目のお茶はダイエットにふさわしいです

日语听力综合训练(二)

第一节

听下面7段录音,每段录音后有1小题,从A、B、C三个选项中选出最佳选项。每段录音只播放一遍。

1. 誰が音楽会に行きましたか。
    A. 女の人が行きました
    B. 男の人が行きました
    C. 二人とも行きませんでした
2. 女の人はどうして学校を休みましたか。
    A. 本を借りに行ったから
    B. 授賞式に行ったから
    C. 風邪を引いたから
3. 明日は何を持って来てはいけませんか。
    A. お菓子　　　　　　B. パス　　　　　　C. チケット
4. 今どんな天気ですか。
    A. 雪　　　　　　　　B. 雨　　　　　　　C. 曇り
5. これから息子は毎月いくらもらえますか。
    A. 三万円
    B. 三万五千円
    C. 四万円
6. 運転手さんはどこで車を止めますか。
    A. 今のところ
    B. バス停
    C. デパートの駐車場
7. 河口さんはこれから何をしなければなりませんか。
    A. 図書館で本を返します
    B. 図書館でお金を払います
    C. 図書館でお金をもらいます

第二节

听下面 4 段录音，每段录音后有 2 小题，从 A、B、C 三个选项中选出最佳选项。每段录音只播放两遍。

8. 誰がバスケット選手のインタビューをしましたか。
    A. 上村君
    B. 部長
    C. 水原さん
9. 男の人はこれからまず何をしますか。
    A. 英語の塾に通って勉強します
    B. ミニ講義で英語を勉強します
    C. 京都へ一週間出張します
10. 女の人はどうして親子丼を注文しないのですか。
    A. 嫌いだからです
    B. 鶏にアレルギーがあるからです
    C. 卵にアレルギーがあるからです
11. 飲み物は何にしますか。
    A. マンゴージュース
    B. キウイジュース
    C. コーラ
12. 男の人は何について知らせていますか。
    A. 面接の学部
    B. 面接の場所
    C. 面接の性別
13. 田中佳子さんは漫画を専門にしますが、どの教室へ行きますか。
    A. 201 教室　　　　　B. 301 教室　　　　　C. 401 教室
14. 息子が学校へ行きたがらない理由は何ですか。
    A. 体の具合は悪いから
    B. わがままだから
    C. いじめられたから
15. 息子は結局学校へ行きますか。
    A. はい、行きます　　　B. いいえ、行きません　C. 分かりません

日语听力综合训练（三）

第一节

听下面 7 段录音，每段录音后有 1 小题，从 A、B、C 三个选项中选出最佳选项。每段录音只播放一遍。

1. 女の人は何時の電車に乗りますか。
   A. 2 時　　　　　　　B. 1 時 45 分　　　　　C. 3 時
2. 男の人は今どんな車を持っているんですか。
   A. 白い小型車　　　　B. 灰色の大型車　　　　C. 白い大型車
3. 女の人がバレエダンスを始めた理由はなんですか。
   A. 体が丈夫になるから
   B. 小さい頃の夢だったから
   C. いい友達ができるから
4. カバンの中に入っていたものはなんですか。
   A. ハンカチ　　　　　B. パスポート　　　　　C. 財布
5. 歓迎会はどこでしますか。
   A. 桜井会館　　　　　B. 嵐会館　　　　　　　C. 紅葉会館
6. 二人はこれから何をしますか。
   A. 特急の切符を買います
   B. 車で会場に行きます
   C. 特急で会場に行きます
7. お兄さんの子供は全部で何人ですか。
   A. 二人　　　　　　　B. 三人　　　　　　　　C. 四人

第二节

听下面 4 段录音，每段录音后有 2 小题，从 A、B、C 三个选项中选出最佳选项，每段录音只播放两遍。

8. 口紅を買うなら何階へ行きますか。
   A. 一階　　　　　　　B. 二階　　　　　　　　C. 三階
9. 免税手続きをするとき何を出しますか。

A. パスポート

　　B. 領収書

　　C. パスポートと領収書

10. 女の人はどうして試験を休みますか。

　　A. アルバイトだから

　　B. 部活動だから

　　C. 弁論大会に参加するから

11. 追試はしますか。

　　A. はい、します　　　　B. いいえ、しません　　　C. 分かりません

12. 絵本はどこからもらったのですか。

　　A. 玲子さんが自分で買いました

　　B. 玲子さんの友達からもらいました

　　C. 図書館から借りました

13. 二人はこれから何をしますか。

　　A. 授業を受けます

　　B. 絵本を借ります

　　C. ボランティア活動をします

14. 二人はどこへ行きますか。

　　A. 京都　　　　　　　　B. 大阪　　　　　　　　C. 奈良

15. 二人はどうやって行きますか。

　　A. 新幹線で

　　B. 飛行機で

　　C. 夜行バスで

日语听力综合训练（四）

第一节

听下面7段录音，每段录音后有1小题，从A、B、C三个选项中选出最佳选项。每段录音只播放一遍。

1. ノートは三冊でいくらですか。

　　A. 1,550 円　　　　　　B. 4,650 円　　　　　　C. 4,500 円

2. 二人はまず何をしますか。
    A. 掃除をします
    B. 鍵を閉めます
    C. 机と椅子を片付けます
3. 女の人はどうやって大宮から通いますか。
    A. 電車で　　　　　　B. 自転車で　　　　　　C. 歩いて
4. レポートは誰が書きましたか。
    A. 鈴木さん　　　　　B. 高村先生　　　　　　C. 渡辺先生
5. 佐藤園子さんのピアノの授業はいつからですか。
    A. 土曜日の午前10時　B. 土曜日の1時　　　　C. 土曜日の4時
6. 男の人が育ったのはどこですか。
    A. 沖縄　　　　　　　B. 京都　　　　　　　　C. 東京
7. 女の人はどうして海外旅行に行かなかったのですか。
    A. 体の具合は悪かったから
    B. 看病したから
    C. 友達がタイに行ったから

第二节

听下面4段录音，每段录音后有2小题，从A、B、C三个选项中选出最佳选项，每段录音只播放两遍。

8. 前の会社は何が一番良くなかったですか。
    A. 残業が多いです
    B. 同僚がうるさいです
    C. 通勤時間が長すぎます
9. 今の会社は何が一番良いですか。
    A. 好きな先輩がいます
    B. 同僚は親切です
    C. 給料が高いです
10. 会議は何時からですか。
    A. 3時　　　　　　　B. 13時　　　　　　　　C. 2時50分
11. 女の人は参考資料についてどう思いましたか。
    A. 多すぎ　　　　　　B. 難しい　　　　　　　C. 少ない

12. 研究用の資料が入っているUSBメモリーはどんな形をしていますか。
    A. 黒い猫
    B. 白いHello Kitty
    C. 白い招き猫
13. 授業用の資料が入っているUSBメモリーはどこにありますか。
    A. 引き出しの中　　　　B. 本棚の上　　　　C. 教室
14. 女の人が優勝できた一番の理由は何ですか。
    A. 毎日厳しい練習を重ねているからです
    B. 親友に励まされているからです
    C. 特別な繊維で作った水着を着ているからです
15. 中田選手はどうして試合に出なかったのですか。
    A. 病気だから
    B. 急用ができたから
    C. 転んだから

日语听力综合训练（五）

第一节

听下面7段录音，每段录音后有1小题，从 A、B、C 三个选项中选出最佳选项。每段录音只播放一遍。

1. 女の人は明日何をしますか。
    A. 塾に通います
    B. 友達と遊びに行きます
    C. 姉と一緒に図書館へ行きます
2. 男の人はいくら払いますか。
    A. 3,900 円　　　　　　B. 4,500 円　　　　　　C. 4,200 円
3. 子供は週に三回、何を勉強していますか。
    A. 英会話　　　　　　B. 数学　　　　　　C. ピアノ
4. 張さんはどんなテーマにしますか。
    A. 日中関係についてです
    B. 漢字についてです

C. 日中交流の歴史についてです
5. 二人は週末どこへ行きますか。
　　A. ディズニーランド
　　B. 映画館
　　C. 美術館
6. 修了式は何時から何時までですか。
　　A. 5時10分から6時まで
　　B. 4時20分から5時まで
　　C. 1時から4時まで
7. スーツをどのように直してもらいますか。
　　A. 紺色に変えてもらいます
　　B. 丈をすこし長くしてもらいます
　　C. ウェストを2センチほど直してもらいます

第二节

听下面4段录音,每段录音后有2小题,从A、B、C三个选项中选出最佳选项,每段录音只播放两遍。

8. 男の人が太っている原因にならないのはどれですか。
　　A. 一日三食しっかり食べてるうえに、量も多いです
　　B. 徹夜する時よくインスタントラーメンを食べています
　　C. 接待の時居酒屋でビールをいっぱい飲みます
9. 男の人はこれから何をしますか。
　　A. 接待を少なくします
　　B. 徹夜するのをやめます
　　C. ビールを控えめにして、水泳とか始めます
10. 男の人はどんな人ですか。
　　A. 学生　　　　　　　B. 先生　　　　　　　C. アナウンサー
11. 宿題をする順番はどうですか。
　　A. 聞き取り→読解→作文→翻訳
　　B. 読解→聞き取り→作文→翻訳
　　C. 読解→聞き取り→翻訳→作文
12. 二人はどんな関係ですか。

A. クラスメート

B. 上司と部下

C. 先生と学生

13. 二人はまず何をしますか。

A. 期末試験を受けます

B. 化粧します

C. リハーサルします

14. 男の人はどこが痛いですか。

A. 歯が痛い

B. 耳が痛い

C. 歯と耳が痛い

15. 男の人はいつ、何をしますか。

A. 明日の午後病院へ行きます

B. 明日の午前大学へ行きます

C. 今日の午後病院へ行きます

日语听力综合训练（六）

第一节

听下面 7 段录音，每段录音后有 1 小题，从 A、B、C 三个选项中选出最佳选项。每段录音只播放一遍。

1. 男の人誕生日はいつですか。

    A. 4月4日　　　　　B. 4月8日　　　　　C. 7月4日

2. 女の人は兄弟が何人ですか。

    A. 2人　　　　　　 B. 3人　　　　　　 C. 6人

3. 終電はいつですか。

    A. 10時　　　　　　B. 10時15分　　　　C. 10時30分

4. 男の人は今、全部でどのぐらい借金がありますか。

    A. 1,000円　　　　 B. 2,000円　　　　 C. 3,000円

5. 男の人は何の科目を追試しなければなりませんか。

    A. 数学だけ　　　　B. 数学と国語　　　 C. 数学と英語

6. 男の人はこれからどうしますか。
   A. 女のそばに座る
   B. 女の友達のそばに座る
   C. ほかの座席を探す
7. 給料日は何日ですか。
   A. 2日　　　　　　　　B. 8日　　　　　　　　C. 10日

第二节

听下面 4 段录音,每段录音后有 2 小题,从 A、B、C 三个选项中选出最佳选项,每段录音只播放两遍。

8. 歓迎会はいつですか。
   A. 今週の火曜日　　　B. 来週の月曜日　　　C. 来週の火曜日
9. 歓迎会は午後何時からですか。
   A. 4時　　　　　　　　B. 5時　　　　　　　　C. 6時
10. 昼ご飯は何を食べますか。
    A. パスタ　　　　　　B. ステーキ　　　　　C. ピザ
11. 男の人は何を飲みますか。
    A. 砂糖を入れないジュース
    B. 砂糖を入れるコーヒー
    C. 砂糖を入れないコーヒー
12. 女の人の姉はどんな外見ですか。
    A. 目が大きくて、髪が長い
    B. 髪が短くて、眼鏡をかけている
    C. 目が大きくて、髪が短い
13. 女の人の妹は今何年生ですか。
    A. 大学四年生　　　　B. 大学一年生　　　　C. 高校三年生
14. 国語の試験はいつですか。
    A. 来週の月曜日　　　B. 今週の金曜日　　　C. 今週の火曜日
15. 男の人はこれからまず何をしますか。
    A. 化学の復習をする
    B. 国語の復習をする
    C. 英語の復習をする

日语听力综合训练（七）

第一节

听下面 7 段录音，每段录音后有 1 小题，从 A、B、C 三个选项中选出最佳选项。每段录音只播放一遍。

1. マリアさんはどうして店に来ませんか。
    A. 帰国したから
    B. 病気だから
    C. 怪我だから
2. 女の人は何が一番大切だと言ってますか。
    A. 辛い料理はだめです
    B. タバコを控えめにすること
    C. お酒をやめること
3. 午後まで停電する場合、明日は何の試験をしますか。
    A. 筆記試験だけします
    B. 聴解試験だけします
    C. 筆記試験と聴解試験をします
4. 女の人はこれから何をしますか。
    A. 駅前の支店へ行きます
    B. 週刊誌を買います
    C. ホームページで本を買います
5. 女の人は何について相談していますか。
    A. 会議に出席する人
    B. 会議の日程
    C. 会議で話す内容
6. 男の人はどうして顔色が悪いのですか。
    A. ストレスのためです
    B. 食事のためです
    C. 睡眠不足のためです
7. 男の人はどうして遅れたのですか。
    A. 会社から電話があったから

B. 予定の飛行機が遅れたから
C. 予定の飛行機に乗らなかったから

第二节

听下面 4 段录音，每段录音后有 2 小题，从 A、B、C 三个选项中选出最佳选项，每段录音只播放两遍。

8. 家庭内の不和について話されなかった内容はどれですか。
    A. 親からの遺伝
    B. 家庭内暴力
    C. 親子関係の破綻
9. 男の人は鬱病の予防について、話されなかった内容はどれですか。
    A. 何かあったら先生や友達に相談します
    B. 親も自分の子の心理状態を関心を持ちます
    C. おかしいと感じる場合はお医者さんに診てもらいます
10. 女の人はまず何をしますか。
    A. 鹿と記念写真を撮ります
    B. 鹿に鹿せんべいをあげます
    C. 和服レンタル屋に行きます
11. 鹿せんべいとは何ですか。
    A. 鹿の食べ物
    B. 鹿で作る餌
    C. 奈良のお土産
12. 二人はどんな関係ですか。
    A. 同僚
    B. 同級生
    C. 教師と学生
13. 女の人はまず何をしますか。
    A. 森絵工場に電話をかけます
    B. コピー室に行きます
    C. 森絵工場に行きます
14. 二人はいつ集合しますか。
    A. 7時

B. 7時半

　　C. 7時10分

15. 二人はどこで集合しますか。

　　A. 会社

　　B. 会社の正門

　　C. 南の駐車場

日语听力综合训练(八)

第一节

听下面 7 段录音，每段录音后有 1 小题，从 A、B、C 三个选项中选出最佳选项。每段录音只播放一遍。

1. 女の人はどうして遅刻したのですか。

　　A. 人身事故で電車が急に止まっちゃったからです

　　B. 地震があったからです

　　C. 女の人がホームから落ちたからです

2. 女の人は何が一番良いと言っていますか。

　　A. キャンパスの環境

　　B. 人間関係

　　C. 授業

3. 男の人は何をプレゼントにしますか。

　　A. 化粧品

　　B. 花束

　　C. 参考書

4. 張さんのお母さんの仕事はなんですか。

　　A. 会社員

　　B. 医者

　　C. 大学の先生

5. 男の人は何がうるさいと言っていますか。

　　A. ペット

　　B. 子供たち

C. テレビの音
6. 出し物は何にしますか。
　　A. 多言語の歌
　　B. 多言語の朗読
　　C. ダンス
7. 女の人はどうして泣いたのですか。
　　A. 試験を心配していたからです
　　B. 恋愛映画を見ていたからです
　　C. 苛められたからです

第二节

听下面4段录音，每段录音后有2小题，从A、B、C三个选项中选出最佳选项，每段录音只播放两遍。

8. 工学部の学生はいつ健康診断書を提出しますか。
　　A. 9月2日
　　B. 9月3日
　　C. 9月4日
9. 学生はいつまでに履修届を提出しなくては行けませんか。
　　A. 9月15日
　　B. 9月14日
　　C. 9月10日
10. 女の人はまず何に乗りますか。
　　A. バス
　　B. タクシー
　　C. 地下鉄
11. 女の人は最後何に乗りますか。
　　A. タクシー
　　B. 地下鉄
　　C. 新幹線
12. 二人はどんな関係ですか。
　　A. クラスメート
　　B. 親子
　　C. 夫婦

13. このTシャツをどうしますか。
    A. 返品します
    B. 女の人が着ます
    C. 捨てます
14. 女の人は何についての意見を言っていないですか。
    A. 言葉遣いがくどいです
    B. 発表時間が長いです
    C. グラフが足りないです
15. 男の人はまず何をしますか。
    A. 論文を書き直します
    B. リハーサルをします
    C. テーマと要旨を学会におくります

日语听力综合训练（九）

第一节

听下面7段录音，每段录音后有1小题，从A、B、C三个选项中选出最佳选项。每段录音只播放一遍。

1. 女の人は誰と一緒に住んでいますか。
    A. 両親　　　　　　　B. 姉　　　　　　　　C. 兄
2. 女の学生は昨日何時間勉強しましたか。
    A. 1時間　　　　　　B. 3時間　　　　　　C. 2時間
3. 男の人は今、何を習っていますか。
    A. ピアノ　　　　　　B. 英語　　　　　　　C. 絵
4. 二人は土曜日にどこで会いますか。
    A. 箱根　　　　　　　B. 駅の前　　　　　　C. コンビニ
5. 男の学生は今度いつ来ますか。
    A. 来週の月曜日　　　B. 来週の火曜日　　　C. 今週の金曜日
6. 女の学生は何で博物館へ行きますか。
    A. バス　　　　　　　B. 自転車　　　　　　C. 電車
7. 二人はどれを買いますか。
    A. 紅葉の絵のハガキ　B. 桜の絵のハガキ　　C. 漢字だけのハガキ

第二节

听下面4段录音,每段录音后有2小题,从A、B、C三个选项中选出最佳选项,每段录音只播放两遍。

8. 男の人は何人兄弟ですか。
   A. 一人　　　　　　　B. 二人　　　　　　　C. 三人
9. 男の人がどうして野球をやりはじめたのですか。
   A. お父さんと一緒にやったから
   B. おもしろい野球のアニメを見たから
   C. 友達がたくさんできたから
10. 図書館のパソコン室は何階にありますか。
    A. 1階　　　　　　　B. 2階　　　　　　　C. 3階
11. 二人はどこで会いますか。
    A. 教室　　　　　　　B. 事務室　　　　　　C. 図書館の前
12. 二人はいつ映画館に行きますか。
    A. 金曜日　　　　　　B. 土曜日　　　　　　C. 日曜日
13. 女の学生はいつ英語の復習をしますか。
    A. 金曜日　　　　　　B. 土曜日　　　　　　C. 日曜日
14. 日本はどういう食文化ですか。
    A. 肉・米・野菜　　　B. 肉・米・魚　　　　C. 米・野菜・魚
15. 男の人は何について話していますか。
    A. 日本料理の種類
    B. 日本料理の特徴
    C. 日本料理の作り方

日语听力综合训练(十)

第一节

听下面7段录音,每段录音后有1小题,从A、B、C三个选项中选出最佳选项。每段录音只播放一遍。

1. 男の人はどこへ旅行に行きましたか。
   A. 東京　　　　　　　B. 京都　　　　　　　C. 名古屋

2. 女の人が買った帽子は何色ですか。
   A. 黄色　　　　　　B. 赤　　　　　　　C. 黒
3. 女の人はいつ大阪に行きますか。
   A. 4日　　　　　　B. 5日　　　　　　C. 6日
4. 男の人はこれから何を用意しますか。
   A. 醤油　　　　　　B. お肉　　　　　　C. 野菜
5. 男の人はどうして遅刻しましたか。
   A. 電車は運転停止になりましたから
   B. 忘れものを取りに戻りましたから
   C. 途中交通事故に遭いましたから
6. 男の人はどの味が好きですか。
   A. レモン　　　　　B. 桃　　　　　　　C. すいか
7. 会議の資料を翻訳したのは誰ですか。
   A. 山田さん　　　　B. 吉野さん　　　　C. 鈴木さん

第二节

听下面4段录音，每段录音后有2小题，从A、B、C三个选项中选出最佳选项，每段录音只播放两遍。

8. 図書館はいつ閉館ですか。
   A. 土曜日　　　　　B. 日曜日　　　　　C. 月曜日
9. 男の人はどうやって図書館へ行きますか。
   A. バス　　　　　　B. 電車　　　　　　C. 自転車
10. 会社の面接はどうでしたか。
    A. 難しかったです
    B. 簡単だったです
    C. 苦しかったです
11. 女の人はなぜ合格できなかったですか。
    A. 服は正式ではなかったから
    B. 礼儀は正しくなかったから
    C. 第二外国語ができなかったから
12. 女の人はまず何をしますか。
    A. 野菜を切ります
    B. お肉を切ります
    C. 調味料を買います

13. 男の人はこれから何をしますか。
    A. 店の看板を立てます
    B. 店の掃除をします
    C. 店の電気をつけます
14. 論文を書くには一番重要なのは何ですか。
    A. 字数を足すこと
    B. テーマを決めること
    C. いい言葉を使うこと
15. 修士はいつから論文を書きますか。
    A. 1年生後半　　　　　B. 2年生後半　　　　　C. 4年生後半

录 音 原 文

第一部分　辨音训练

第1课　清浊音

听录音，每段录音后有1小题，从A、B、C三个选项中选出你所听到的清浊音。每段录音只播放一遍。

例：田中さんはどこにいますか。
　　　A．どこ　　　　　　B．とこ　　　　　　C．とうこ
　　答案：A

1. 新しい冷蔵庫を買いました。
2. 生活しやすい感じですね。
3. みんなとても親切で、いい人ばかりです。
4. 教室の窓ガラスが割れました。
5. 必ず挨拶してこいと言われた。
6. あの人とは会ったことが全然ありません。
7. 私の尊敬する人は王先輩です。
8. そんな贅沢な生活はやめなさいよ。
9. 改まった場では俗語は使いにくい。
10. 冬の日が短いですから、明るいうちに行ってください。
11. 外国人相手のガイドとして、観光地を案内いたしました。
12. このシャツのデザインはユニークですね。
13. 私は中国語は上手ですが、日本語は苦手です。
14. 家を出る時、ちゃんと戸に鍵をかけてくださいよ。
15. 学校は午前8時から午後5時までです。
16. うちは核家族で、両親と私3人です。

17. 彼女は鮮やかな色が好きらしく、いつも派手なシャツを着ています。
18. 学校が終わった後、彼はいつも野球クラブに行きます。
19. 弟はテレビを見ながら、宿題をしています。
20. 明日は大学入学試験ですから、今日は緊張でほとんど眠れないと思います。

第2课　长短音

听录音，每段录音后有1小题，从A、B、C三个选项中选出你所听到的长音。每段录音只播放一遍。

例：ビールを飲みます。
　　A. ピル　　　　　　B. ビヌ　　　　　　C. ビール
　　答案：C

1. ビールを買ってきました。
2. 冷たいコーラを飲みたいのですが…
3. コーヒーは一杯300円だから、ちょっと高いと思います。
4. 上海料理には砂糖を入れる習慣があります。
5. 田中さんは学生ですが、鈴木さんは学生ではありません。
6. ケーキを作るとき、チーズが欠かせないのですね。
7. 李さんの誕生日に、プレゼントとして、かわいい時計を買って上げました。
8. 講義の内容をノートにしてください。
9. 安全のため、みんな交通ルールを守るべきですよ。
10. 来週の水曜日までにレポートを提出してください。
11. 勇気を出して、前に進んでください。
12. 経済問題をテーマにして、会議を開きました。
13. 外は寒いですから、コートを着て来てください。
14. 私の家は駅から遠いです。
15. 母はスーパーで野菜や肉などを買いました。
16. 「万里の長城」は世界的に有名な観光地です。
17. お姉さんにメールを送りました。
18. 東京へ行くなら、飛行機で行くのが便利です。
19. 朝ご飯は普通朝7時に食べます。
20. これは私の辞書ではありません。弟のです。

第3课　促音

听录音，每段录音后有1小题，从A、B、C三个选项中选出你所听到的促音。每段录音只播放一遍。

例：机の上に雑誌があります。

　　　A. ざっし　　　　　B. ざし　　　　　　　C. ざち

　　答案：A

1. あの人は有名な作家です。
2. あの映画は日中両国が共同で制作した作品です。
3. 田中さんはよく熱心に勉強しています。
4. 私は今日用事があるので会議を欠席したいと思いますが。
5. 彼女はいつも洋服と鞄がマッチしています。
6. 手紙を出したいのですが、切手はありますか。
7. コーヒーが好きだから、ポットを買ってきました。
8. 田中さんは去年結婚しました。
9. まもなく会議の時間ですから、早速行きましょう。
10. 学会のため、先生は先週上海にいらっしゃいました。
11. 彼女の夫は公務員です。
12. あの喫茶店の紅茶はおいしいです。
13. 毎日バスで学校に通っています。
14. 私は小学校から日記を書く習慣がありました。
15. さっきのお客様はどなたですか。
16. せっかくのチャンスを逃してしまって、本当に残念でした。
17. 部屋が暗かったので、電灯のスイッチをつけました。
18. 日本では、5月4日は「緑の日」です。
19. 日曜日は家でゆっくり休みたいと思います。
20. 彼女の作品の中で、それはもっとも優れたものです。

第4课　拨音

听录音，每段录音后有1小题，从A、B、C三个选项中选出你所听到的拨音。每段录音只播放一遍。

例：日曜日はよくピアノの練習をします。

A. れしゅう　　　　B. れしゅう　　　　C. れんしゅう
答案：C

1. 私の夢は音楽家になることです。
2. 李さんの寝室は3号棟の2階にあります。
3. だんだん寒くなってきたので、厚い布団を買ったほうがいいですよ。
4. 日本語のアクセントはあまり複雑ではありません。
5. 友人が去年フランスへ留学に行きました。私も留学したいと思います。
6. 最近、ハンカチを使う人がどんどん減ってきました。そのかわり、ティッシュペーパーがよく使われています。
7. 日曜日、洗濯などで結構忙しかったです。
8. 昨日、レモンを5元で2個買いました。
9. 今の若者は顔を洗う時、洗面器なんか殆ど使わないみたいですね。
10. 自分の頭で考えて行動しなさい。
11. この機械は今運転中です。
12. 残念ながら病気で欠席いたします。
13. 連休の観光地はずいぶん人出がありました。
14. 彼は日本語はもちろん、フランス語もできます。
15. 彼はほんとうに当てにならない人ですね。
16. あのボタンがとれていました。
17. このアパートは駅に近いから、とても便利です。
18. 将来のことを不安に思います。
19. 試験問題は全部解けました。
20. 旅行する時、スカートよりズボンをはいたほうがいいです。

第5課　拗音

听录音，每段录音后有1小题，从A、B、C三个选项中选出你所听到的拗音。每段录音只播放一遍。

例：京都は関西にあります。
　　A. きょうと　　　　B. きゅうとう　　　　C. きょうと
答案：C

1. そちらの建物は病院です。
2. この表に名前、年齢などの必要な情報を記入してください。

3. 遠慮しないで、好きなものをどんどん選んでくださいね。
4. テレビの受信料は明日振込みます。
5. できるだけ塩の量を減らす。
6. 健康のため、毎日500 mLの牛乳を飲んだほうがいいですよ。
7. 冬の北京は東京よりずっと寒いです。
8. 「命は食にあり」という言葉が示すとおり、人間と飲食は切っても切り離せません。
9. 小学生は宿題が山ほどあるため、毎日十分な睡眠時間さえありません。
10. ステップ1の準備をして次の授業で発表してください。
11. 私の趣味は料理を作ることです。
12. 私は来年、大学を卒業します。
13. 学校を出て、すぐ就職できたのはうれしかったです。
14. 10プラス9は19です。
15. レポートを書くために、図書館で資料を探しています。
16. 娘の部屋には可愛い人形がたくさんあります。
17. ものを使ったら、元の場所に戻してください。
18. 先生に対して感謝の気持ちを深く持っています。
19. 運転しているときは、前の車と安全な距離を保たなければなりません。
20. 私は将来医者になりたいです。

第二部分　主題訓練（一）

第6课　数字、数量、价格

实战训练——基础篇

听录音，每段录音后有1小题，从A、B、C三个选项中选出最佳选项。每段录音只播放一遍。

Ⅰ. 数字

1. 女：吉田さん、今日の英語の授業の教室は何号室ですか？
   男：ええと、3012です。
   女：3002ですね。

男：いいえ、3012ですよ。
2. 女：あの、すみません、これは何ですか？
   男：それは診察用のカードですよ。
   女：14と書いてあるから、14番ですか？
   男：はい、診察番号ですね。
3. 女：すみません、田中先生の電話番号は何番ですか？
   男：158の0000の3412です。
   女：いや、その番号は鈴木先生の番号だと思いますが。
   男：ちょっと待ってください。あっ、そうですね。田中先生の番号は158の0012の3412です。
   女：ありがとうございます。

Ⅱ. 数量

1. 男：すみません。岡本さん、ペンを貸してください。
   女：はい、どうぞ。
   男：ごめんなさい。鉛筆ではなく、ボールペンを。
   女：鉛筆は2本ありますが、ボールペンは1本しかないんですよ。で、今使っています。
   男：僕、鉛筆なら3本もあるんですが…
2. 男：こんにちは。たくさん買い物をしましたね。
   女：ええ。今日はサービスの日ですから、牛乳を1本、アイスコーヒーは2本、ジュース3本、納豆3パックなどを買いました。
   男：僕はヨーグルトが好きだから、3つも買いました。
3. 女：みなさん、テストが始まる前に、間隔をおいて、座ってください。
   男：先生、机が2つ少ないです。
   女：この教室は元々机は50もあるはずですが…
   男：今48しかありませんよ、先生。

Ⅲ. 価格

1. 女：いらっしゃいませ。
   男：あのう、このリンゴ、3個ください。
   女：かしこまりました。3個で300円です。
   男：はい。
   女：ちょうどですね。毎度ありがとうございました。

2. 男:いらっしゃいませ。
   女:あのう、ケーキ一つとコーヒー一つお願いします。
   男:かしこまりました。ケーキは210円で、コーヒーは120円です。
   女:はい。
3. 男:あの、すみません、コップを買いたいのですが、見せてください。
   女:ありがとうございます。ガラスのは300円です。プラスチックのは180円ですが、どちらになさいますか?
   男:ええと、安いほうをお願いします。

实战训练——进阶篇

听录音,每段录音后有5小题,先根据录音内容在下列题目的横线上填入适当的词语,然后再从A、B、C三个选项中选出最佳选项。每段录音只播放一遍。

Ⅰ. 数字

1. 女:さっきは、誰からの電話ですか?
   男:知らない番号だから、出なかったよ。
   女:そうなんですか、じゃ、番号は?
   男:186の5321の0746だよ。知ってるかい?
   女:知らないですねー。友人のは186の5321の0745ですね。数字が1つ違うだけですね。
2. 女:鈴木さん、田中さんが引っ越したそうですが。
   男:そうだよ。大学の前のアパートに引っ越したよ。
   女:部屋の番号を知っていますか?
   男:確か…、6階の621号室だよ。
   女:私の部屋より3つ奥ですね。
   男:同じアパート?僕は502だよ。
3. 女:この問題の答えは368じゃない?でも、×が付けられたわ。
   男:ちょっと検算してみるね。ほら、ここが間違ってるじゃん、388だと思うけど。
   女:そうじゃないよ。この2つの数字を掛けたあと、この数字を引かないとね。
   男:その通りだよ。だけど、君がこの数字書き間違えたからね。

女:もう一回計算してみるわ。うん、確かにそのとおりね。

Ⅱ. 数量

1. 女:ねえー、先週のテスト何点取れた？
   男:難しかったから、マークシートを適当に塗りつぶしたよ。でもなんと65点も取れたんだ。
   女:そうなんの、すごいじゃん。美恵ちゃんは90点も取れたそうよ。
   男:あいつは勉強家だから。そういえば、カスミさんは？
   女:満点の半分しかなかったから、これから、まじめに勉強しなくちゃ。

2. 男:お～い、久しぶり。元気かい？
   女:あら、田中さん、こんにちは。
   男:仕事のほうは順調？
   女:新型コロナのせいで、輸出量は去年の半分しかないから、厳しいよ。
   男:うちも同じだよ。僕、去年の9月は、車を百万台輸出したけど、今年は三分の一しかないよ。

3. 男:岡本さん、おはようございます。
   女:鈴木さん、おはようございます。偶然ですね。
   男:何しに来たの？
   女:マスクを買いに来ました。1人1回4枚までという制限がありますので、週に3回買いにきます。
   男:今日も4枚買った？
   女:今日は妹と2人できたので、妹も買いました。

Ⅲ. 价格

1. 男:すみません、その花柄の手帳はおいくらですか？
   女:こちらの手帳ですか。大きいほうは2,000円で、小さいほうは1,000円です。
   男:そうですか。ちょっと見てもいいですか？
   女:どうぞ。
   男:全部かわいいし、使いやすそうですね。
   女:そうですね。よく売れている商品ですからね。
   男:妹にあげるものだし、予算がちょっときついので、小さいのをください。
   女:はい、かしこまりました。

2. 男：ディズニーランドのチケットをお願いします。
   女：はい、何枚ですか？大人は5,000円で、子供はその半額です。
   男：そうですか。じゃ、大人2枚と子供1枚をください。
   女：はい。
   男：あのう、往復の電車代とセットで買えると聞きましたので、セットでお願いします。
   女：すみません。そのキャンペーンは昨日まででした。
   男：そうですか。残念です。

3. 女：あのう、ちょっとお聞きしたいのですが…
   男：はい。
   女：渋谷駅へ行きたいんですが。
   男：ええと、ここは町田駅ですから、まず新宿駅まで行ってください。そこでJR山手線に乗り換えれば、渋谷駅に行けますよ。
   女：はい、わかりました。ありがとうございます。新宿駅までの切符はここで買えますか。
   男：はい。ここから新宿駅までの区間料金は320円で、子供は160円です。それに特急料金が150円です。
   女：区間料金にプラス特急料金ですね。
   男：はい、そうです。

实战训练——提高篇

听录音，每段录音后有5小题，先根据录音内容在下列题目的横线上填入适当的词语，然后再从A、B、C三个选项中选出最佳选项。每段录音只播放一遍。

Ⅰ. 数字

1. 女：あのう、リカちゃんの誕生日はいつ？もうすぐだと思うけど、最近彼女と会ってないからねー。
   男：リカちゃんの？ええと、7月3日だと思うけどなあ。あっ、いやいや、3日は桜ちゃんだ。リカちゃんはたしかその前の日だと思うよ。
   女：あっ、そう。今日はもう1日だね。リカちゃんの誕生日プレゼントを用意しなくちゃ。
   男：そうだね。何がいいかな？

女：彼女の趣味とか、知ってる?
男：たしか、バスケと映画だったと思うんだけどなー。

2. 女：今週は大変なんです。毎日朝8時から夜7時までずっと仕事をしてるんですよ。
男：確かにそれは大変だね。でも、来週連続して何日間かの休みがあるから、もうちょっと頑張ってくださいね。
女：え?本当ですか?何日間ですか?
男：確か火曜日から金曜日までだったかな。
女：そうですか。よかったです。それなら、月曜日も休みにしてほしいですね。
男：月曜日は会議の日だよ。多分だめだね。
女：会社はやっぱりけちですね。休みを一日ぐらい多めにくれたらいいのにねー。
男：会社も人間もやっぱり欲張りだからね。というか、経営者の立場に立つとしょうがないかもね。まあ、数日休みがあるということで、我慢しようよ。

3. 女：王さん、これ、ご兄弟の写真ですか。
男：はい、そうです。
女：王さんの前に立っている女の子、可愛いですねー。
男：あー、それは妹です。小学校3年生です。可愛らしく見えるけど、実は男みたいな性格なんですよ。
女：そうですか。では、この方は誰ですか?
男：兄です。
女：背が結構高いですね。
男：そうです。1メートル87センチです。中学でバレーボール始めてから急に背が伸びたんですよ。おかげで、女の子には結構モテモテです。
女：じゃ、王さんにはお兄さん一人と妹さん一人がいるんですね。
男：いいえ、その時、姉は旅行へ行ってましたから…

Ⅱ. 数量

1. 女：明さん、今日の晩ご飯注文しておきたいんだけど、明さんの部署、今日何人残業の予定?

男：うちの部署は11人だけど、今日残業するのは6人だけだよ。
女：残業する人、みんな晩ご飯要る？
男：ちょっと聞いてくるよ。ええと、王さんと李さんはダイエット中だから、晩ご飯はいらないよ。
女：わかったわ。だったら四人分でいいわね。
男：あっ、忘れてた！今日小野さんの協力会社の人も一人残業を手伝ってくれるらしいよ。だから、もう一人分追加ね！
女：なるほど、わかったわ。
男：わるいねー。おつかれさん！

2. 女：あっ、どうも、こんにちは。
男：あ、李さん、お買い物？
女：そうなんですよ。会社の帰りにりんごを5個買ったんですけど、いくらだと思います？
男：うーん、いくら？
女：5個で、400円！
男：え？そんなに高いの？だったら1個80円じゃないですか。
女：そうなんですよ。今、果物すっごく高いんですよ。私がこの前買ったのはもっと高かったですよ。1個100円もしたんですよ。
男：もし果物屋さんで買えば、たくさん買えば安くなりますね。
女：そうなんですよ。でも、私一人で食べるでしょう、たくさん買ってもたべきれないので、そんなに多くは買えないんですよ。
男：あ、そうですね。あ、あそこではみかんも売ってますよ。始めの3個は150円だけど、次の3個からはたったの100円だよ…お買い得じゃないですか！
女：えっ、そうですか？みかん大好きなんですよ。ちょっと後で見に行って、買ってみます。
男：ええ、そうしてください。あ、私、ちょっと用があるので、じゃ、これで。
女：あ、じゃあ、また。

3. 男：すみません、鉛筆10本と、消しゴム5個ほしいんですけど。
女：いらっしゃいませ。今、セール中です。
男：じゃあ、鉛筆、消しゴム、それぞれ一つの値段はおいくらですか？

女：鉛筆は1本50円、消しゴムは1個100円です。
男：あ、それから、ノート17冊も買いたいんですけど、おいくらですか?
女：1冊250円です。なにか他にもご入用でしょうか?
男：電卓(電子計算機)はおいくらですか?
女：電卓は、380円、580円と980円のものがございますが…
男：じゃあ、380円のを一つください。
女：かしこまりました。
男：あっ、ごめんなさい、ノートは3冊減らしてください。
女：はい、かしこまりました。こちらになります。品物を落とされないようにご注意くださいませ。

Ⅲ. 价格

1. 男：いらっしゃいませ、なにかお探しでしょうか? 現在セール中ですので、よかったらどれでもお試しください。
   女：あ、すみません、じゃあ、これ、試着してもいいですか?
   男：はい、こちらのスカート一着でよろしいでしょうか? ほかにもいろいろお得なものがございますが…
   女：あ、はい、まずはこれだけでけっこうです。
   男：かしこまりました。こちらへどうぞ。お客様、サイズはいかがでしょうか?
   女：このサイズで大丈夫ですが、見た感じどうですか?
   男：とてもお似合いです。体型にぴったりフィットされていますよ。
   女：そうですか? ありがとう。
   男：このスカートは今年一番流行っているデザインで、色もお客様に似合うと思います。
   女：割引はありますか?
   男：このスカートはサイズが揃ってないので、今、2割引きになってます。
   女：そうですか。6,800円の2割引きですか?
   男：いいえ、4,500円の2割引きです。
   女：じゃ、これをお願いします。

2. (ピンポン:チャイムの音)
   男：すみません、鈴木掃除代行サービスです。
   女：はい、どうぞ、どうぞ。早いですね。

男:ありがとうございます。依頼を受けてから30分以内で到着するという規則がありますから。それにこちらはうちの会社から近いんですよ。

女:あー、そうですか、じゃあ、早速ですが、リビングルームとおトイレの掃除をお願いしますね。最近仕事が忙しくて、お掃除さぼってたんですよ…

男:かしこまりました。まずお部屋の状況を確認させていただきますね。ええと、家具と床の汚れはコース1の6,000円で大丈夫ですが、トイレはちょっと問題ですねー。さっき見つけたんですけど、水漏れがありますから、この状態だと、コース2で処理する必要がありますねー。

女:えっ？そうなんですか？で、コース1とコース2とではどう違うんですか？

男:コース1は基本料金、コース2はコース1の2倍の料金を頂戴します。

女:トイレの清掃はそんなに高いんですか？

男:掃除自体は普通なんですが、トイレには水漏れがあるし、それに、設備などの交換も必要だし、壁紙も剥がれていて、交換する必要もありますから、結構手間と材料費がかかりますね。

女:そうですか。わかりました。じゃ、リビングは基本料金で、トイレはその2倍ということですね。

男:はい、そうです。

女:じゃあ、おまかせしますので、よろしくおねがいします。

3. 女:すみませーん。どなたかいらっしゃいますかー？お会計お願いします。

男:はい。お待たせいたしました。毎度ありがとうございます。ええと、全部でちょうど10,000円です。

女:すみません、このクーポン券使えますか？友達からこちらで使えると聞いてきたんですけど。

男:ちょっと確認させていただきますね。はい、使えますよ。

女:じゃ、お願いします。

男:かしこまりました。あ、申し訳ありません、このクーポン券はこの3,000円の化粧水にしか使えないんですよ。で、この化粧水は30％オフとなります。それでよろしいですか？

女：あー、わかりました。あ、それから、免税もお願いします。
男：申し訳ございません。免税とクーポン券は同時に使えないんですが。
女：あー、そうなんですか。
男：はい。短期滞在の場合は5,000円以上だと、パスポートで免税できます。免税は10,000円以上だと10％オフです。いかがいたしましょうか？
女：わかりました。じゃー、面倒なのでクーポンでお願いします。

第7课　时间、年龄

实战训练——基础篇

听录音，每段录音后有1小题，从A、B、C三个选项中选出最佳选项。每段录音只播放一遍。

Ⅰ. 时间

1. 女：あのう、今、何時ですか？
   男：ええと、8時10分ですね。
   女：8時1分ですか？
   男：いいえ、1分じゃなくて、10分ですよ。
2. 男：中田さん、この前言っていたパーティーはいつですか？
   女：土曜日と聞きましたが。
   男：じゃあ、明日ですね。
   女：ええ、そうですね。
3. 男：李さん、4日に用事があります？
   女：えっ？8日ですか？
   男：いいえ、4日です。よかったら、一緒に映画を見ませんか。
   女：いいですよ。ちょうど空いてます。

Ⅱ. 年龄

1. 男：あのう、ごめん、聞いてもいい？李さんの妹さんは今年何歳ですか？
   女：いいですよ。今年11歳です。
   男：ちょうど可愛い年頃ですね。それなら小学5年生ですね？
2. 男：あー、小林さん、お昼に行きませんか？
   女：あー、ありがとう。でもお弁当持ってきました。
   男：すごーい。自分で毎日作っているんですか？

女:いや、同じ年の姉が作ってくれます。
男:25歳のお姉さんが？すごい方ですね。

3. 男:ほら、前の白いシャツを着ている人は新しく来た英語の先生ですよ。今年41歳だと聞きましたよ。
女:えっ？本当ですか？30代にしか見えないですね。
男:そうですよね。信じられないぐらい若いですね。最近、人の年がわからなくなりましたね。

实战训练——进阶篇

听录音，每段录音后有5小题，先根据录音内容在下列题目的横线上填入适当的词语，然后再从A、B、C三个选项中选出最佳选项。每段录音只播放一遍。

Ⅰ. 时间

1. 女:すみません。日本語の授業は何時からですか？
   男:今は3時5分だから、あと15分後だよ。
   女:そうですか。ありがとう。
   男:じゃ、いっしょに教室に行こう。
   女:ごめんね。これから図書館へ本を借りに行きたいんだけど。
   男:今日は金曜日だから、確か3時に閉館みたいだよ。
   女:えっ？そうですか。じゃあ、しょうがないですね。

2. 男:あのう、李さん、うちのゼミは皆さんの誕生日を皆で祝う習慣があるんだけど、あのう、李さんの誕生日を聞いてもいいですか？
   女:先輩、ぜんぜん大丈夫ですよ。12月20日です。
   男:12月2日ですね。
   女:いいえ、私の発音が悪くて、ごめんなさい。20日です。
   男:ありがとう。じゃ、王さんより4日早いですね。

3. 男:ねえ、今日、コンサートに行く日だよね？
   女:ええ、コンサートは7時からよ。会場までタクシーで15分ぐらいだから、6時40分に家を出れば大丈夫？
   男:いやいや、その時間帯は車が多いから、6時半に出たほうがいいよ。
   女:そうね。そうしましょう。
   男:あっ、そうだ！先日、息子に野球のグローブを買ってあげる約束をしたから、僕はスポーツ店に寄るから、先に出るよ。
   女:あらそう。せっかくだから、一緒に行きましょうよ。

男：じゃ、4時ごろ出よう。
女：ゆっくり食事もしたいから、4時より1時間早く出ましょうよ。
男：ああ、それでいいよ。

Ⅱ. 年齢

1. 女：田中さんは一人っ子ですか？
   男：いや、姉と弟がいます。これは家族の写真です。
   女：弟さん、かっこいいですね。高校生ですか？
   男：いいえ、今年もう大学2年生で、来年成人式を迎えるんですよ。
   女：ああ、そうですか。全然そう見えないですね。

2. 女：鈴木さん先月結婚したそうですね。知ってました？
   男：はい、結婚式に呼んでくれました。
   女：鈴木さんは奥さんとご学友だったんですね。
   男：学友よりもっと近い関係ですよ。同じゼミだったんですよ。
   女：それなら同じ年ですね。
   男：いや、妻は、修士課程を修了してから、2年間働いたんですよ。
   女：それなら、鈴木さんは2つ下ですね。

3. 女：すみません。国民健康保険の申請用紙をもらえますか？
   男：はい、少々お待ちください。お待たせしました。どうぞ。
   女：ありがとう。ここで記入してもいいですか？
   男：どうぞ。
   女：すみません。年齢の所、昭和・平成しか選べないのですが。私、西暦しか分からないんですが…
   男：昭和の場合、あなたが生まれた西暦から26を引いてくだされば、昭和何年になりますよ。平成の場合は、1989年が平成元年ですから。
   女：あー、そうですか？ そしたら、私は昭和41年です。

实战训练——提高篇

听录音，每段录音后有5小题，先根据录音内容在下列题目的横线上填入适当的词语，然后再从A、B、C三个选项中选出最佳选项。每段录音只播放一遍。

Ⅰ. 时间

1. 男：まだ学校に行かなくて大丈夫？
   女：なによー、まだ眠いんだから、起こさないでよ。あれ？ え？ 今何時？
   男：10時5分前だよ。もういい時間だぞ。起きなくていいの？ 遅刻す

　　　 るぞ。
　　女：まだ少し時間があるわ。今日は授業が11時からなのよ。余裕よ。
　　男：でも、昨日先生が、用事があって、明日の授業はいつもより30分早いと言ったんだろう？
　　女：あっ、そうだった！大変。急いで出かけないと…ええと、忘れ物は…じゃ、行ってきます。
2. 女：ここ、値段の割に本当においしかったね。ごちそうさま。
　　男：いいえ、どういたしまして。これからこの辺の散策に行かない？
　　女：いいね、お腹いっぱいなんで、ちょっと消化を助けないと。で、映画は8時からだよね？
　　男：うん、そうだよ。まだ1時間あるから、散歩にはちょうどいい時間だよ。
　　女：以前、ネットで見たんだけど、近くにおいしいパン屋さんがあるそうなので、ちょっと寄ってもいいかしら？
　　男：「神戸屋」というパン屋さん？そこはたしか、7時までだよ。
　　女：7:30までのはずよ。私の記憶力ってけっこうすごいのよ。間に合うかもしれないわ。いってもいい？
　　男：そうか、わかった。じゃ、急いで行こう。
3. 男：新学期が始まりましたね。学校はどうですか？慣れましたか？
　　女：ちょっと忙しいけれど、土日は授業がないので、ゆっくり休めます。
　　男：あー、そうなんだ、いいですね。ところで、週に数学の授業は何回ありますか。
　　女：4回です。でも、4回もあるのに、数学の先生、ちょっと苦手なタイプなんですけどね。
　　男：へぇー、そうですか。苦手な先生で4回はきついですよねー。で、今日はありますか。
　　女：今日は木曜日だから、ないんですよ。ちょっとうれしいです。

Ⅱ. 年龄

1. 女：鈴木さん、何を見ているんですか。私にも見せてくださいよー。
　　男：昨日撮った家族の写真です。どうぞ、ちょっと恥ずかしいけど。
　　女：へぇー、五人家族なんですね。この方は弟さんですか、お兄さんですか。かっこいい！

男:兄です。兄は私より三歳年上で、今年二十歳です。弟は私より二歳年下です。自慢じゃないですけど、兄弟の中では僕が一番もてるんですけど。

女:みんなイケメンだし、羨ましいなぁ。私は一人っ子で、兄弟はいませんよ。できればお兄ちゃんが欲しかったなー。

2. 女:このパソコン、どうして上手く入力できないんだろう？まだ新しいのに故障かな？それとも昨日…

男:どうしたんですか？パソコンがおかしい？

女:昨日、弟にコーヒーを零されたの、本当にいたずらっ子でね。多分そのせいだと思うんだけど…

男:あっ、弟さんがいるって知りませんでした。弟さんって今年おいくつですか？

女:十歳よ。わんぱくでしょうがないわ。小さいときは可愛かったんだけどねー。ところで、田中さんも兄弟がいると聞いたんだけど。

男:ええ、兄が一人います。私より三つ年上です。

女:お兄さんっていいね。頼りになるだろうし。三つ上なら、もうお兄さんは成人式は迎えたわよね。田中さんのお兄さんだったら、きっとハンサムなんでしょう？

男:まあまあですよ。成人式は去年迎えました。

3. 女:鈴木さん、わたし、財布を落としちゃったの。どうしよう！現金いっぱい入ってたのに！

男:これじゃない？昨日、そこに落ちてたんだけど。

女:それよ！あー、よかった。本当にありがとう。でも、なぜ私の財布だって分かったの？こんな地味な財布、どこにでもあるタイプよ。

男:中に身分証明書があったよ。それで。

女:財布の中に彼氏との写真もあったけど、見た？まだ誰にも見せてないんだけど。

男:見たよ。若く見えるね。それになかなかのイケメンだし。

女:いいえ、そんなことないわ。それに若くみえるけど、私より五歳年上なのよ。

男:えっ？二十八歳？それじゃ、木村さんより三歳年上なの？全然見えないね。大学生でも通用するよ。

女:そう？じゃあ、彼に言っておくわ。きっと喜ぶわ。

第8课　场所、属性

实战训练——基础篇

听录音,每段录音后有1小题,从A、B、C三个选项中选出最佳选项。每段录音只播放一遍。

Ⅰ. 场所

1. 男:すみません、図書館はどこですか？
   女:図書館は…食堂の左側に建物があります。図書館はその建物の後ろにありますよ。
   男:あ、あの青い建物ですか？
   女:ええ、あの青い建物です。あそこが図書館です。
   男:わかりました。ありがとうございます。
2. 男:失礼ですが、切符を買いたいんですが、どこで買えますか？
   女:ここをまっすぐ行くと、500メートルぐらいのところに緑の窓口がありますよ。
   男:わかりました。どうもありがとうございます。
3. 男:晴子さん、昨日どこへ行きましたか？
   女:昨日は家で宿題して、掃除しましたよ。
   男:そうなんですか？僕は図書館へ行って、本を借りてきましたよ。
   女:さすが勉強家ですね。

Ⅱ. 属性

1. 女:うわ、新発売のアイスクリーム、おいしそうです。いちご、バナナ、マンゴーなどの味、いろいろありますね。
   男:そうですね。
   女:私はマンゴーを食べてみたいです。中村くんは？
   男:僕はやっぱりチョコレートの味が好きですが、ここ、置いてないみたいですね。仕方がありませんね。じゃ、いちごにしますよ。
2. 男:あのう。この黒いパンツはちょっと長すぎじゃないですか？その短くて紺のパンツはどうですか？
   女:ううん、長さはぜんぜん大丈夫ですけどねー。
   男:ううん、やっぱり短いほうがいいと思うけど。僕はやっぱり紺より

黒いほうが好きですよ。うーん、仕方ありませんね、じゃ、ほかの店に行ってみましょうか。
3. 女：ねえ、最近、チューハイは結構人気ですね。
　　男：うん、特に女性が好きみたいですね。
　　女：チューハイって最初は飲みやすいけど、飲みすぎると、やっぱりだめですね。
　　男：チューハイはジュースかお茶なんかのように飲みやすいけど、やっぱりアルコール飲料ですからね。

实战训练——进阶篇

听录音,每段录音后有5小题,先根据录音内容在下列题目的横线上填入适当的词语,然后再从A、B、C三个选项中选出最佳选项。每段录音只播放一遍。

Ⅰ. 场所

1. 女：山田くん、明日土曜日だけど、何をする？
　　男：明日はね、午前中は家で掃除するよ。
　　女：そう？えらいね！
　　男：でも、午後は友達と一緒に映画を見に行く約束をしたよ。
　　女：あっ、そうなんだ。充実した一日だね。
　　男：土曜日は殆ど同じパターンでさー、夕方からはバイトをして、一日が終わるという感じだね。
　　女：何のバイト？
　　男：デパートで警備をやってるよ。
2. 女：先月、日本へ旅行に行ったそうですね。
　　男：そうです。北海道や東京へ行ってきました。
　　女：京都や大阪へは行かなかったんですか？
　　男：ええ、もう行ったことがありますから。
　　女：すごいですね。よく日本へ旅行に行くんですか？
　　男：年に1回ぐらいですね。去年は沖縄と九州でした。
　　女：さすがお金持ちですね。
　　男：いいえ、そんなことはありませんよ。
3. 皆さん、おはようございます。明日の予定についてご説明します。8時にホテルのロビーで集合。8時半ごろ出発します。10時頃万里の長城に着いて、自由散策は12時までで、12:15からバス乗り場の近くの

レストランで昼食をします。午後1:30にバスで市内に向かい、4時にホテルに着く予定です。ホテルでしばらく休憩してから、5時にロビーで集合して、一緒に北京の名物「北京ダック」のお店に行きます。では、みなさん、明日の予定は以上です。何かご不明な点がありましたら、おっしゃってください。

Ⅱ. 属性

1. 女:村上さん、最近、あまり飲みに行ってないですね。
   男:ええ、家の近くのジムに通ってます。値段はちょっと高いけど、インストラクターがいいから、仕事の後で、よく行きますよ。
   女:へぇー、いいですね。仕事が忙しいですから、リラックスの時間も必要ですね。
   男:そうですね。

2. 男:この木の椅子はどう?
   女:値段、少し高いんじゃない?
   男:そのプラスチックの白い椅子は?
   女:木の椅子ほど丈夫じゃないからね。
   男:ほら、見て、その木の椅子にセールの張り紙があるよ。
   女:本当! かなり安くなっているね。じゃ、この椅子にしよう。

3. 女:いらっしゃいませ。
   男:すみませんが、日本の演歌のCDとか、日本風の扇子などがほしいんですが。
   女:ありがとうございます。こちらは1980年代からのCDが大体そろっています。また、絹の扇子もございます。全部人気がある商品ですよ。
   男:1950年代前の演歌のCDもありますか? それから、その時期の紙の扇子もありますか? 昔のものがほしいのですが。
   女:はい、ございます。

实战训练——提高篇

听录音,每段录音后有5小题,先根据录音内容在下列题目的横线上填入适当的词语,然后再从A、B、C三个选项中选出最佳选项。每段录音只播放一遍。

Ⅰ. 场所

1. 男:夏休みはどこかへ旅行に行こうかなと思うんだけど。どこがいい

かなー。
女：へぇー？いいわね。例えば、どんなところ？
男：そうだね。行きたいところがありすぎて、迷っているんだ。最近は情報が多すぎて。
女：まず、海外か国内かを決めれば？その中から探せば、いいじゃないの？
男：そうなんだけど。もともとは韓国へ行こうと考えてたんだけど、韓国の物価は高いそうだからね。ソウルの中心部の喫茶店のコーヒーなんて、東京より高いそうだし。
女：確かに、韓国も高くなってきたわよね。まあ、今はもう先進国並みね。
男：あぁー。今の僕、時間はあるけど、お金がないんだよ。つらいなぁー。
女：やっぱり計画だけよね。まだ学生だからね。お金が無いのはあたりまえよ。
男：まあ、しょうがないよ。バイトでがんばってお金を稼がないと。

2. 男：あっ、いいねー。このきれいな花、どこで買ったの？ラッピングのセンスもあるし。
女：ああ、それ？それなら、ここをまっすぐ行くと、200メートルぐらい行ったところに本屋があるよね。
男：えー？本屋さんが花を売ってるの？それは珍しいね。
女：いや、違うわよ。更に、本屋から右へ曲がって二つ目の交差点の角にケーキ屋があるよね？
男：うん、そうそう。あそこのケーキ最高なんだよ。
女：もう、ケーキ屋はどうでもいいの！で、花屋はそのケーキ屋の向かいにあるの。そこの花は安くて新鮮なの。だから、その花屋は結構人気があるのよ。
男：へー、そうなんだ。母にも言っておこう。うちの母はよく花を買うからね。実は生花の先生なんだぜ。

3. 皆さん、はじめまして、王と申します。おはようございます。今回は皆様の蘇州案内の旅行ガイドとして勤めさせていただくことになりました。よろしくおねがいします。蘇州で何かご要望、ご希望がございましたら、ご遠慮なくおっしゃってください。また、体調が優れないなどの場合でも遠慮なくお申し出くださいませ。それでは、明日の日程を

簡単にご紹介いたします。

明日は主に蘇州の庭園を回ります。蘇州の目玉はなんと言いましても全国的に有名な庭園群でございます。ここからは8時半ごろ出発の予定となります。9時には獅子林、10時ごろには拙政園を見物します。拙政園ではだいたい1時間半ぐらいを予定しております。

それから、11時半ごろ拙政園の近くのレストランで蘇州料理をご賞味いただきます。蘇州料理は他の地方料理に比べますとすこし薄味ですので、皆様のお口に合うかと存じます。

その後、午後1時半ごろ蘇州博物館へ行きます。ホテルには3時ごろ戻り、晩ご飯までの間はフリータイムといたします。晩ご飯は6時半からで、ホテルの2階です。以上、明日の予定、おわかりいただけましたでしょうか？では、明日の8時20分にここに集合してください。なにかご質問があればいつでも私までどうぞ。携帯番号は私の名刺に印刷してございますので。では、よろしくお願いします。

Ⅱ. 属性

1. 女：田中さんはよくテレビを見ますか？
   男：ええ、まあ。テレビドラマをよく見ますよ。あとはニュースぐらいですかねー。
   女：最近、韓国のドラマが人気ですね。見ますか？
   男：いいえ、私はあまり。でも妻がよく見ますね。僕は妻が見るときちらっと見るだけです。面白いんですか？妻はハマってるみたいですけど。先日なんか突然韓国に行きたい、なんて言い出しましたし。
   女：けっこう面白いみたいですね。母もいい年して嵌ってますね。
   男：美恵さんも見ますか？
   女：いいえ、私はよくお笑い番組を見ます。でも、お笑いって、実は笑いながらいろいろ考えさせられるんですよね。
   男：へぇー、そうですか。僕には難しすぎるから、あまり見ないんですよ。
2. 男：もしもし、鈴木さん？
   女：鈴木です。本当にごめんなさい。約束をしたのに。
   男：今日はどうしたんですか？何かあったんですか？
   女：ええ。約束は忘れてなかったんですが、今朝慌てていて、携帯を忘れて家を出てしまったんですよ。途中で気づいてまた戻ったんで

す。最近、物忘れが激しいんです。本当に自分に呆れてます。すみません。
男:そうですか。大丈夫ですよ。物忘れは誰でもありますから。だけど、最近ずいぶん疲れているようですけど。勉強が忙しいんですか？
女:そうなんです。試験の準備で最近あまり寝ていなくて。
男:そうですか。たぶん物忘れも疲れから来ているかもしれませんね。
女:最近試験が多くて。しかも、苦手な科目ばかりで…
男:わかりましたよ。大丈夫！気にしないでください。それにしても、体が大事ですから、あまり無理しないでくださいね。

3. 女:夕べの天気予報聞いた？
男:ああ、明日からは雨で、特に南の方は大雨だそうだ。
女:嫌だわ。せっかくの休みなのに。
男:そうだね。僕もゴルフを予定してたんだけど。だめそうだなぁー。
女:洗濯物もいっぱい溜まっているし、最近、休みの日は殆ど雨だわね。偶然？ついてないわ。
男:梅雨が近いから、しょうがないよ。普通だと思うよ。
女:梅雨はまだなのに。今年はちょっと異常じゃない？
男:僕の記憶では、去年もこの時期よく降ったと思うけど。
女:最近おかしいわよ！去年の冬も全然雨が降らなかったし、気温も今年より高いし…やっぱり、異常気象なんじゃない？
男:僕は違うと思うけどなー。

第三部分　主題訓練(二)

第9課　衣

实战训练——基础篇

听录音，每段录音后有1小题，从A、B、C三个选项中选出最佳选项。每段录音只播放一遍。

1. 女:ほら！前の方は日本語の先生ですよ。
男:へえ？どの人？

女:あの赤いコートを着ている方ですよ。
2. 女:太郎さん、こんにちは。今日、暑いですよね。
   男:そうですね。
   女:明日は今日よりもっと暑いみたいですよ。明日、暑くて何を着たらいいか分かりません。
   男:女性は迷ってしまいますね。僕はTシャツを着ようかと思います。
   女:私は薄いスカートにしてみようかと思います。
3. 男:中村さん、何を買うつもりですか?
   女:ワイシャツと日よけ用の帽子、田中さんは?
   男:僕は、ワイシャツはあるから、今度はTシャツとサングラスを買いたいです。
   女:夏はサングラスが必要ですね。

实战训练——进阶篇

听录音,每段录音后有5小题,先根据录音内容在下列题目的横线上填入适当的词语,然后再从A、B、C三个选项中选出最佳选项。每段录音只播放一遍。

1. 母:百合、入学式は来週の月曜?
   娘:そうだよ、ママは来てくれるよね。服は何にする?
   母:着物で行くわ。百合は?
   娘:袴にするかスーツにするか迷ってる。
   母:せっかくの入学式だし、しかも憧れの京大だし、袴で行ったら?
   娘:うん、そうしよう。だけど、うちの袴は色があまり好きじゃないなー。
   母:よく頑張ってくれたから、好きな色の袴をレンタルしたら?レンタル料金はママが出すからね。
   娘:ありがとう。じゃあ、そうするわ。午後一緒に行ってくれる?
   母:いいわよ。
2. 女:ほら、見て、このコートはどう?
   男:きれいだね。どこで買った?
   女:駅前のスーパーで買ったのよ。
   男:え?スーパーでもこんなきれいなコートを売っているの?
   女:ええー、そのスーパーはいろいろな洋服も扱ってるのよ。
   男:デパートより安い?

女：ええ、税込3万5,000円だったの。

男：ちょっと高くない？僕は少し高いと思うけど。

女：でも、気に入ったから。つい買っちゃった。

3. 女：おはよう。今日早いね。

男：おはようございます。先輩も早いですね。

女：そのマフラーきれいね。

男：この間、マフラーを落としたので、新しく買いました。

女：あら、そう。どこで落としたの？

男：学食です。昨日、田中先輩から学食に僕のマフラーみたいなものがあったって連絡があって行ったんですけど、なかったんです。

女：そうなの。ところで、授業はどう？難しい？

男：はい、よく分からなくて困ることもあります。でも、田中先輩にいつも教えてもらっているんです。

女：いい先輩がいてよかったわね。

实战训练——提高篇

听录音,每段录音后有5小题,先根据录音内容在下列题目的横线上填入适当的词语,然后再从A、B、C三个选项中选出最佳选项。每段录音只播放一遍。

1. 男：いらっしゃいませ。なにかお探しですか？

女：(笑顔で)こんにちは。Tシャツを買いたいんですが。お勧めってあります？

男：ありがとうございます。ございますよー。こちらへどうぞ。この辺りは最新のデザインで、今年の夏とても流行っています。よかったらご試着されてください。

女：そうですか。ありがとう。

女：この赤のTシャツはどう？あなた？

夫：んー、同じデザインで黄色のを一枚持っているだろう？家ではスカートがほしいと言ってたのに。また同じようなものが欲しいの？

女：そうだけど、赤のはないからね。スカートはあきらめる、今度にするわ。

夫：ああ、好きなようにしたら。どうせすぐ飽きるんだろうし。

女：じゃ、これにするわね。

2. 女：すみません。これはどうですか？似合います？

男:お客様、この赤いワンピースはとてもお似合いですね。お客様の雰囲気にぴったりです。
女:ありがとう。でも、デザインは好きですが、赤はちょっと派手すぎると思います。ほかの色はありませんか？もうちょっと地味な…
男:そうですか。では、この紺色のはいかがでしょうか？
女:あっ、いいかも。試着してもいいですか？
男:もちろん、いいですよ。どうぞこちらへ。
　　（試着後）
女:色もデザインも好きだわ。でも肩がちょっと大きいみたい。Sサイズのはありますか。
男:あー、すみません。ちょうど売り切れています。売れ筋なんですよー。
女:あー、そうですかー！残念！しかたない…じゃ、他を見てみます。

3. 女1:ねえ、美恵ちゃん、来週、高校時代の親友の結婚披露宴に参加するんだけど、どんな服がいいかなあ？なかなか決められないのよ。
女2:うーん、披露宴かー？親友ならスピーチもさせられるんじゃない？みんなの注目浴びるかもよ。
女1:だから、余計迷ってるのよ。んーもう！どうしよう！
女2:わたしなら…やっぱり、ワンピースがお勧めね。
女1:でも、たぶん他の子たちもみんなワンピースだって。私は人と同じものを着るのはちょっとね。
女2:だけど、新婦側の女の子はみんな可愛い格好をするのが普通じゃない？
女1:そうだけど…ツーピースはどう？
女2:いいけど、お仕事に行くみたいな感じがしない？ちょっと硬すぎるかも。
女1:うーん、そう？じゃ、着物にするわ。

第10课　食

实战训练——基础篇

听录音，每段录音后有1小题，从A、B、C三个选项中选出最佳选项。每段录音只播放一遍。

1. 女:鈴木さん、今日朝ご飯と昼ご飯は何を食べましたか？

男:うーん、朝ご飯はパンですが、昼ご飯はラーメンを食べました。
女:私の昼ご飯はカレーライスでしたよ。
男:カレーライスも好きですよ。

2. 女:色々な新鮮な刺身がありますねー。あのう、赤いのは何の魚ですか?
男:それはマグロですね。
女:その白いのは?
男:それはイカです。

3. 女:いらっしゃいませ。何名さまですか?
男:一人です。
女:メニューどうぞ。
男:あのう、水ギョウザ、焼きギョウザ一つずつね、野菜サラダも一つください。
女:すみません。水ギョウザは今ちょうど売り切れですが。
男:あー。そうですか。じゃ、焼きギョウザを2つとサラダをお願いします。

实战训练——进阶篇

听录音,每段录音后有5小题,先根据录音内容在下列题目的横线上填入适当的词语,然后再从A、B、C三个选项中选出最佳选项。每段录音只播放一遍。

1. 男:リンさんは甘い物が好きですか?
女:はい、大好きですよ。甘い物なら、何でも好きですよ。例えば、飴、ジュース、菓子パン、ケーキなどですね。
男:そうですか。女の人は大体甘い物が好きですね。じゃあ、リンさんの一番好きな物は何ですか。
女:うーん、やっぱりクッキーですねぇ。

2. 女:劉さん、どこへ行きますか?
男:近くの定食のお店に行こうと思います。
女:私も食事に行きたいのですが、一緒に行ってもいいですか?
男:いいですよ。
女:ありがとうございます。
男:私は辛い物が苦手なんで、豚カツ定食にします。
女:私は辛い物が好きなんで、マーボー豆腐定食にします。
男:ほら、今日だけの特別サービスメニューの「寿司定食」もあるよ。そ

の張り紙に。

女:本当ですね。じゃ、私、寿司定食にします。

3. 女:佐藤さん、よかったら、イチゴをどうぞ。

男:あー、ありがとう。そういえば長い間、果物を買ってないですね。

女:最近、果物が特に高いですよね。

男:僕は、高いからというか、スーパーに行っても果物を買うのを忘れちゃうんですよ。

女:果物が好きじゃないですか？

男:いいえ、実家に住んでいた時は、母がよくみかんやりんごなどを買ってテーブルに置いてくれました。それで、よくみかんを食べたんですが。

女:みかんは好きですか？

男:好きといえば好きだけど、一番食べやすいからですね。

实战训练——提高篇

听录音，每段录音后有5小题，先根据录音内容在下列题目的横线上填入适当的词语，然后再从A、B、C三个选项中选出最佳选项。每段录音只播放一遍。

1. 女:こんにちは。田中さん。私は中国のリンです。よろしくおねがいします。

男:リンさん、こんにちは。こちらへ来てください。もう何人か来ていますよ。

女:田中さん、そちらのお二人はどなたですか？紹介していただけますか？

男:おにぎりを食べているのは私のクラスメートで、韓国人のゴさんです。食パンを食べている人が先学期中国の延辺から留学してきたウさんです。ふたりとも日本語の達人ですよ。

女:皆さんはおにぎりや食パンが好きみたいですね。実は私もよくおにぎりを食べますよ。特に明太子が好きです。でも最近ちょっと体重が…

男:いやいや、リンさん全然大丈夫ですよ。やっぱりおにぎりは便利ですからね。そうだ、中国にもおにぎりがありますか？

2. 女:この店のランチは美味しいですねぇ。値段もちょうどいいぐらい

だし。
男:そうだね、僕、昼食は殆どこの店なんだ。大体月曜日は親子丼、火曜日はすき焼き丼、水曜日はエビラーメン、木曜日はオムライス、金曜日はパスタなどの日替わりメニューだよ。
女:そうですか。全部覚えてるんですか？すごい。じゃあ明日はエビラーメンじゃないですか！私の好物なんです。明日も来なきゃー。
男:ええっ？美惠さんも麺類が好きなの？
女:ええ、大好きですよ。同僚からはラーメン評論家って呼ばれてます。

3. 男:あのう、すみません。この大根、おいくらですか？
女:大根は1本78円です。今日、野菜は全部安売りですよ。こちらのもやしは1袋で56円、人参は1本でたった46円です。いかがです？それに、そちらの白菜は丸々1個、102円ですよ。ここらではこんな値段で買えませんよー！
男:安売りは今日だけですか？全部税込みですか？
女:はい、そうです。今日は母の日だから、特別に安売りをしています。すべて税込みです。すごいでしょ？
男:ああー、ちょっと残念。たくさん買いたいんですが、日持ちしないからなぁー。じゃあ、人参2本と大根1本をください。
女:はい！毎度ありがとうございます。

第11課　住

实战训练——基础篇

听录音，每段录音后有1小题，从A、B、C三个选项中选出最佳选项。每段录音只播放一遍。

1. 男:あのう、先輩、すみません。一年生の寮はどこですか？
女:あなた、新入生？一年生の寮はあの赤い建物よ。ほら！
男:はい、あそこの赤い建物ですね。
女:そうそう。
男:わかりました。ありがとうございます。

2. 女:あのう、すみません。ちょっと聞きたいんですが。
男:はい。

女:カードキーに書いてある3807号室はここの3階ですか。

男:3807号室はね…ここじゃありません。ここは本館ですから。3807号室はとなりのビルの3階にあると思いますが…

女:そうですか。わかりました。ありがとうございました。

3. 男:次は池袋駅ですね。王さんの家は駅のどの辺ですか？

女:あっちです。駅の東口を出て、5分ぐらいのところです。南口からでもOKですよ。

男:どっちが近いですか。

女:やっぱり東ですね。

男:じゃ、そっちからですね。

实战训练——进阶篇

听录音,每段录音后有 5 小题,先根据录音内容在下列题目的横线上填入适当的词语,然后再从 A、B、C 三个选项中选出最佳选项。每段录音只播放一遍。

1. 男:ねー、ちょっと、あの人、神谷さんじゃない？

   女:あらー、本当だ。あの超お金持ちの神谷さんだ。あれー？あそこで何をしてるのかな？

   男:たぶん何かの番組の撮影かな？ところで、世田谷区にすっごく大きな別荘があるとか、離婚されてるとか、彼のいろいろな噂が飛んでいるよ。

   女:うん、私も聞いたけど、彼の家は確かに世田谷区にあるのよ。

   男:ええ？奈央ちゃんの家も世田谷区？

   女:いいえ、違うけど、私のおじさんの家がその辺だから。遊びに行ったとき、ちょうど見かけたのよ。

2. 女:すみません。ちょっとお聞きしたいんですが。

   男:はい。

   女:学長室を探しているんですが…

   男:学長室ですか？この廊下を通って突き当たった所を左に曲がると、エレベーターがあります。そのエレベーターに乗って、十階まで上がってください。

   女:分かりました。

   男:そして、エレベーターを降りて左手です。

女:はい、わかりました。ありがとうございます。
3. 男:いらっしゃいませ。
女:こんにちは。ちょっと賃貸マンションのことについてお聞きしたいのですが。
男:お探しの物件のご要望についてお伺いをしてもいいですか？
女:はい。とにかく、近くに小学校と幼稚園があることが希望です。
男:駅にも近いほうがいいですよね？
女:そうですね。できるだけ駅に近いところをお願いします。それに、5人家族ですから、3LDK以上のほうがいいかなと思うんですが。
男:そうですね。ご要望にかなう物件はございますが、家賃は大体月に13万円ですね。こちらの資料をご覧ください。
女:あ、そうですか。ちょっと高いですね。
男:確かに高いとは思いますが、小学校にも幼稚園にも歩いて10分以内で行けます。しかも、歩いて駅にも行けますから、バス代の節約もできますよ。

实战训练——提高篇

听录音,每段录音后有5小题,先根据录音内容在下列题目的横线上填入适当的词语,然后再从A、B、C三个选项中选出最佳选项。每段录音只播放一遍。

1. 男:あのう、部屋を探しているんですが…
女:いらっしゃいませ。どうぞおかけください。どのような物件をお求めでしょうか？
男:僕は桜大学の留学生です。学校の近くで家賃が40,000円ぐらいのアパートはありませんか？
女:かしこまりました。少々お待ちください。それでしたら…こちらの桜アパートはいかがでしょうか。駅に近いし、大学まで電車で50分ぐらいです。家賃は月に39,000円です。それに、今留学生向けのキャンペーンをやっていて、敷金免除ができます。お得だと思いますよ。
男:家賃は安いですが、50分は、ちょっと遠いですねー。ほとんど毎日のことですからねー。
女:そうですか、そうしたら、こちらの雪マンションはどうですか。こ

こでしたら、大学に近いですが、家賃はやや高くて、月に45,000円です。大学の周囲の家賃の相場はだいたいこんな感じですねー。

男：こちらは予算をオーバーしていますけど、やはり近いほうがいいですね。

女：ただ、雪マンションは先に2か月分の家賃と50,000円の敷金が必要です。全部で14万円です。

男：ええ！一気に2か月分の家賃ですか？分割払いはできないですか？

女：できますが、保証人が必要なんですよ。

男：そうなんですか。じゃあ…残念ですが、やっぱり大学の寮で我慢します。

2. 女：じゃ、明日の10時でいい？

男：うん。オッケー。渋谷駅でね。遅れないでよ！先週みたいに！

女：わかったわよ。ところで、明日土曜日だから、渋谷駅はちょっと混むんじゃない？

男：じゃ、駅の向こう側のデパートの前ではどう？あそこなら少しましかも。

女：あのデパートは大きいけど、どの入り口で待ったらいい？

男：東口でどう？駅にも近いし。

女：東口も人が多いし、いつも混雑してるわよね？

男：そうだね。そしたら、ハチ公前広場にしよう。

女：そっちも人多いよ。西口にしたら？

男：西口は結構遠いし、あそこも人の流れすごいからなぁ。じゃあ…ハチ公の「忠義」に敬意をあらわす意味で、やっぱり皆が待ち合わせている所にしよう！

女：分かった、まあそれがいいわね。定番だし。

3. 男：もしもし、今ホテルから花ちゃんの家へ行こうと思ってるんだ。行き方をちょっと教えて。

女：わかった。ホテルを出ると、すぐ右手にバス停があるわよね。そこで13番の浜町公園行きのバスに乗って、終点の浜町公園で降りてちょうだい。

男：うん、わかった、13番の終点だね。で、花ちゃんの家は浜町公園のどの辺？

女:ええとねー、実は、家は浜町公園のすぐ近くなんだけど、区は隣の区で、江東区の、芭蕉記念館の隣の芭蕉第三ビルの304号室なのよ。

男:ごめん、部屋番号をLINEでちょっと送ってくれない？頭が悪いから、覚えられないよ。

女:分かった。すぐ送るからね。

男:そういえば、田中君も同じビルだったよね？

女:そうよ。よく知ってるわね。田中君は私の隣の305号室よ。

第12课　行

实战训练——基础篇

听录音,每段录音后有1小题,从A、B、C三个选项中选出最佳选项。每段录音只播放一遍。

1. 男:李さん、今日は歩いて学校へ行きますか？

   女:いいえ、雨なので、バスに乗ります。

   男:バスだと時間かかりますよ。

   女:そうですね。でも普段は自転車ですよ。今日は雨ですからね。

2. 男:すみません。課長、今日はちょっと早めに失礼します。明日、北京へ行きますので。

   女:そうですか。飛行機で行きますか？鉄道で行きますか？

   男:鉄道で行きます。鉄道のほうがずっと安いですからね。

3. 女:あのう、すみませんが、この近くにスーパーありますか？

   男:はい、あります。歩いて15分ぐらいのところにありますよ。

   女:15分ですか。ちょっと遠いですね。バス停はありますか？

   男:ええと、たぶんないですね。

   女:そうですか。自転車もないから、残りはタクシーですね。じゃあ、タクシーで行きます。どうもありがとうございます。

实战训练——进阶篇

听录音,每段录音后有5小题,先根据录音内容在下列题目的横线上填入适当的词语,然后再从A、B、C三个选项中选出最佳选项。每段录音只播放一遍。

1. 男:あのう、すみません。2番のバスは駅に行きますか？

   女:はい。でも、今日は土曜日ですから、2番のバスはありませんよ。

男：そうですか。
女：1番と5番のバスも駅に行きますけど、今、ちょうど5時だから…あと10分で5番のバスが来ますよ。
男：そうですか、直通ですか？
女：いいえ、ちょっと松ヶ丘団地に寄ります。2番は直通ですけど。
男：1番のバスは直通ですか？
女：いいえ、1番も朝霧団地に寄りますよ。
男：じゃ、仕方ないですね。5時10分のバスに乗ります。ありがとうございます。

2. 男：日曜日の歌舞伎鑑賞なんだけと、鈴木さんはどうやって南山劇場へ行きますか？
女：そうですね。自転車で行ったことがありますが、2時間ぐらいもかかりましたよ。
男：そうですか。じゃ、今度もやっぱり自転車で行きますか？
女：でも、日曜日は雨だそうですから、自転車はちょっと…
男：そうですか、雨ですか…じゃ、バスにしましょう。
女：でもバスだと、降りてから15分ぐらい歩きますよね。もし電車だったら、降りてすぐですよ。
男：でも、駅まで行くのはちょっと遠くない？
女：そうだけど、それでも電車の方が早いんじゃない？
男：そうですね。そうしましょう。

3. 女：もうすぐ夏休みですね。どこかへ旅行に行きましょうか？
男：この前、駅で「舞鶴の海に行こう」っていう旅行パンフレットを偶然見て、行ってみたいなぁと思ったんだけど。
女：いいですね。舞鶴に行ってみたいですね。でも、何で行きますか。飛行機？船？
男：飛行機は高いし、船も嫌だし…あっ、そうだ、新幹線はどう？
女：いいですけど、でもすごく時間が掛かりますよ。
男：そうだね。やっぱり飛行機のほうが速いね。
女：そうですね。じゃ、それにしましょう。

实战训练——提高篇

听录音,每段录音后有5小题,先根据录音内容在下列题目的横线上填入适当的词语,然后再从A、B、C三个选项中选出最佳选项。每段录音只播放一遍。

1. 男:昨日は大変でしたね。天気が荒れちゃったみたいで…
   女:ええ、台風で電車が止まっちゃったんですよ。
   男:やっぱりねー。で、何時に家に着きましたか?
   女:夜10時でした。家に着いたときには疲れて、死にそうでしたよ。
   男:いやー、大変でしたね。時間も結構遅くなっちゃったんですね。バスで帰ったんですか?
   女:バス停で1時間待ったんだけど、来なくて…。しょうがないから、歩いて帰りましたよ。
   男:ええっ! それは大変でしたね。
   女:途中でバスが来ましたが、後15分だからと思って、やめました。
   男:結構遠いんですね。
   女:もちろん、普段は電車ですけどね。
2. 女:こんにちは。
   男:いらっしゃいませ。ずいぶん早かったですね。
   女:ええ、開店前にお話する事がありますから。ちょっと大事な話が。
   男:午前中の電話では3時に家を出ると言ってましたよね。
   女:そうですけど。普段は家の近くの駅から快速か普通電車で来るんですけど、今日は横浜駅から新快速に乗り換えましたから。
   男:そうですか。それで普通より30分も早かったんですね。
   女:開店は5時でしょう? だから。
   男:ところで、お話って何ですか? なにか問題でもありました?
3. 女:もしもし、晴子ですが、今電話、大丈夫ですか?
   男:こんにちは。大丈夫ですよ。あれー、晴子さんからのお電話は珍しいですね。
   女:実は、明日、ちょうど授業もアルバイトもないから、お花見に行こうと思って電話しました。どうです? 都合いいですか?
   男:そうですか。ちょうど私も空いてます。一緒に行きましょう。で、どこへ行きますか?

女:大学からバスで30分ぐらいの市民公園はどうですか？なかなかいいところですよ。

男:市民公園なら、私の家から近いので、僕は歩いてでも行けますが、でも殆ど自転車で行ってます。

女:そうですか。じゃ、明日公園の入り口で会うのはどうですか？

男:はい、そうしましょう。公園の入り口で集合ですね。じゃ、何時に会いますか？

女:9時で大丈夫ですか？

男:いいですよ。僕は歩くのちょっときらいなんで、やっぱり自転車でいきますね。

女:はい、分かりました。でもスピード出しすぎないように気をつけてくださいね。

第13课　学

实战训练——基础篇

听录音，每段录音后有1小题，从A、B、C三个选项中选出最佳选项。每段录音只播放一遍。

1. 男:こんにちは。履修登録は終りましたか？

   女:あー、こんにちは。まだです。

   男:今学期から、科目を自由に選ぶことができると聞きましたよ。

   女:そうらしいですね。私は韓国語よりフランス語のほうが好きです。佐々木さんは？

   男:僕は国際関係のほうを選びました。

2. 男:佐藤さん、スペイン語ができますよね。

   女:あー、こんにちは。できるとまではちょっと言えないけど、中学校のときに1年ぐらいスペイン語の教室に通ってましたから、日常会話なら、まあまあですね。

   男:すごいですね。私も今勉強していますが、なかなか上手になりません。

3. 女:山田さん、奥さんは茶道の先生ですね。

   男:そうです。銀座の桜学校で茶道を教えていますが、由美子さんは茶道に興味ありますか？

   女:ええ、ちょっと習ってみたいのですが。

男:家内は月曜日と水曜日と土曜日の午後に授業がありますよ。1コマか2コマなら、無料で聞いてもいいみたいですよ。

女:ありがとうございました。

<h3 style="text-align:center">实战训练——进阶篇</h3>

听录音,每段录音后有5小题,先根据录音内容在下列题目的横线上填入适当的词语,然后再从A、B、C三个选项中选出最佳选项。每段录音只播放一遍。

1. 男:王さん、ゴールデンウィーク、どこかへ遊びに行きますか?

   女:そうですね。まだ考え中ですが。

   男:東京へ来てから、箱根とか、熱海とか行ったことありますか?

   女:いいえ、まだです。でも、今回せっかくの十日間の休みがありますから、国に帰りたいと思います。

   男:春休みに帰ってなかったんですか?

   女:そうです。ゼミの調査で沖縄へ行きました。でも、調査の合間を利用して沖縄の観光もしましたよ。

   男:そうですか。沖縄は綺麗ですよね。

2. 女:今学期から、新しい科目を選択することができると聞いているけど、佐々木さんはどんな科目を選んだ?

   男:中国の歴史だよ。

   女:ええー、難しいみたいよ。どうして中国の歴史?

   男:もちろん、興味もあるし…それから、大学を卒業してから、中国に行きたいと思ってるからね。

3. 男:最近、うちのおじいちゃんにコンピューターの操作を教えてるよ。

   女:へえ、おじいちゃんが? すごいですね。

   男:はい、うちのじいちゃんは勉強家ですよ。それから、僕は毎晩2時間ぐらいポルトガル語を勉強してるよ。

   女:わあ、自分で勉強しているの?

   男:ううん、兄に教えてもらっています。兄はポルトガル語と英語が上手だから。今は、うちのおばあちゃんに英語を教えていますよ。

   女:へぇー、あなたのご家族ってすごいですね。

实战训练——提高篇

听录音,每段录音后有5小题,先根据录音内容在下列题目的横线上填入适当的词语,然后再从 A、B、C 三个选项中选出最佳选项。每段录音只播放一遍。

1. 男:鈴木さん、元気なさそうだけど、大丈夫?顔色も悪いみたいだけど…

   女:ううん、昨日風邪を引いちゃって、全身だるくて、今日は休みたいなと思ったんだけど、試験があるから来たの。

   男:で、病院には行ってきた?

   女:ううん。明日行こうと思って。体を動かすのがつらくて…

   男:そうかぁ。試験の前で大変だね。勉強が大事っていう事情はわかるけど、やっぱり今夜はゆっくり休んだほうがいいよ。

   女:ありがとう。でも、今夜、復習もしなくちゃー。もー最悪!

   男:気持ちは分かるけど、やっぱりさ、まずはゆっくり休まないと、集中力も出ないよ。

   女:分かった。

2. 男:よ～!久しぶりだなー。

   女:あら、田中さん、元気?どこかへ行ってきたの?

   男:いやー、どこへも行ってないよ。今さ、在宅学習をしててね。オタクみたいな生活だよ。

   女:在宅学習って?

   男:僕ね、実は、先週まで受験勉強をしてたんだ。

   女:え?何の受験?ずっと前は税理士とか弁護士とかの資格を取るとか言ってたわよね。

   男:そうだったんだけどー。今回は看護士の資格を取ろうと思ってね。

   女:へぇ?また変わったの?看護士?ちょっと意外ね。

   男:変わったんじゃなくて、前は気持ちが決まってなかったんだ。覚悟ができてなかったってやつ。

   女:ふーん、で、受かったの?

   男:まだまだ。先週、試験が終わったところ、発表は三ヶ月後。

   女:へえ、すごい努力家ね。じゃ～楽しみだわね。

   男:楽しみどころか結果が怖くてどきどきハラハラしてるよ。テスト

の感触が微妙だったからね。
3. 女:もしもし、幸子です。
   男:あー、幸ちゃん、どうした?
   女:うーん、最近、新型コロナウイルスの感染状況がひどいから、じっと家にいるんだけど、やっぱり、つまらないね。いやになるわ。
   男:そうだね。僕も同じだよ。だから僕は、この時間を利用して、フランス語の勉強してるんだよ!
   女:へぇー、すごいわね。実はちょうど私も最近大学時代に勉強したポルトガル語の教科書を引っ張り出しているのよ。
   男:ポルトガル語? すごいね。うちの会社はブラジルに事務所があるんだけど、さすがにポルトガル語ができる人はいなくて、しかたなく英語のできる奴を派遣しているよ。
   女:そうなんだ。でもー、以前やったとはいえ、私も忘れかけているわ。当然よね。
   男:言語は使うものだからね。
   女:でも、なぜフランス語の勉強をしているの? フランス人の彼女でもできた?
   男:冗談きついよ。これから、うちの会社は西アフリカにも工場を建てる予定だからね。いずれは必要になるの。
   女:へぇ、そうなの。すごい会社ね。
   男:よかったら、うちの会社、来る? 社長に言っておくよ。今の会社、給料安いんだろ?

第 14 课　娯

实战训练——基础篇

听录音,每段录音后有 1 小题,从 A、B、C 三个选项中选出最佳选项。每段录音只播放一遍。

1. 男:高橋さん、ごめん、今週の週末、空いていますか?
   女:あー、ちょっと残念ですが…バイトがあって…で、何か用事がありますか?
   男:ちょっと残念です。映画を一緒に見に行こうかと思ったんですけど…
   女:今回は本当に残念だけど、次は一緒に行きましょうね。

2. 男：えっ、もう帰りますか？ まだ二次会がありますよ。一緒に行きません？
   女：すみませんが、ちょっと用事があって、お先に失礼させていただきます。
   男：そうですか。ちょっと残念ですね。じゃ、一人で二次会に行きます。
   女：すみません、次回はぜひ一緒に行きましょうね。
3. 男：美恵ちゃん、今週の土曜日、どこかへ遊びに行きませんか？
   女：いいですよ。学校も終わったし、バイトにも行かないですし。
   男：どこか行きたい場所ありますか？ 遊園地はどうですか？
   女：そうですね…遊園地は2年ぶりですから。じゃ、そうしましょう。

实战训练——进阶篇

听录音，每段录音后有5小题，先根据录音内容在下列题目的横线上填入适当的词语，然后再从A、B、C三个选项中选出最佳选项。每段录音只播放一遍。

1. 男：鈴木さんは、どんなスポーツが好きですか？
   女：そうですね。ヨガや水泳などが好きです。
   男：ヨガですか。毎日会社が忙しいから、やっぱりリラックスの時間が必要ですね。だから、毎晩僕もヨガやってますよ。水泳もしたいんですが、最近忙しくてプールに行く時間もないから、残念です。
2. 女：もしもし、鈴木です。こんにちは。
   男：あー、こんにちは。鈴木さん。
   女：今日の午後、社会実践として環境問題についての映画を見に行かない？
   男：行きたいけど、でも、今日は水曜だよ。
   女：あのね、近くの映画館は水曜日は女性だけ千円なのよ。しかも、今週は評判のいい環境問題についての新しい映画やってるみたいのよ。
   男：へえ？ そうなんだ。前は女性への割引は月曜日じゃなかった？
   女：ええー、そうだけど、先月から水曜日に変ったのよ。
   男：じゃー、おれが切符を買うから。何時がいい？
   女：うーん、そうね、朝は授業があるから、午後四時でどう？
3. 男：高橋さん、どうぞ、お土産です。
   女：ありがとう。あっ、小澤さんは水の調査で熱海温泉に行ったの？ どうだった？
   男：すごく楽しかったよ。調査もうまく行ったし、家族連れで行ったの

女：ほかの所にも行った？

男：うーん、鎌倉と江ノ島にも行ったよ。江ノ島水族館も素晴らしかった。高橋さんもいつか彼氏と一緒に行ってみたら？その辺りの水はとてもきれいだったよ。

女：そうらいわね。行ってみたいなあ。

实战训练——提高篇

听录音，每段录音后有5小题，先根据录音内容在下列题目的横线上填入适当的词语，然后再从A、B、C三个选项中选出最佳选项。每段录音只播放一遍。

1. 男：今週の土曜日、山登りに行きませんか？嵐山の紅葉はもう赤くなったみたいですよ。

   女：へぇ、山登りですか？いいですねー。最近、仕事で全然息抜きできなかったし。でも、土曜は雨がふるそうですよ、山登りはちょっと無理かなあと思いますが。

   男：あー、そうですか。週間予報見たんですねー。じゃ室内の遊びしかできませんね。例えば、映画とか、カラオケとか。

   女：本当にごめんなさい！

   男：えっ？何？

   女：実は、最近、私、カラオケにあまり行ってないんですよ。私、本当は歌が下手なんです。だから、恥ずかしくて…ストレス発散にはいいと思うんですが…

   男：あっ！そうだったんですか？でも、僕も下手ですから。自慢じゃないけど、みんなから音痴って言われてますよ。お互い様ですよ！いいじゃないですか！下手とか気にしないで、カラオケ、行きましょうよ！

   女：そうですね。わかりました！じゃ、そうしましょう！

2. 女：あー、嫌だなー。明日試験なのに、準備がまだできていないのよ。どうしよう…

   男：ずっと前から、準備してきたんじゃなかった？先週も週末遊ばずに、勉強してただろう？偉いなぁって思ってたんだよ。

   女：そうだけど、やっぱり不安だよ。今回は範囲も広いし。

   男：自分をちゃんと信じろよ。前の期末試験も同じことを言ってたん

じゃない？人は誰でも試験は嫌だよ。
女：そうかな…
男：じゃ、とにかく試験が終わったら、一緒にどこかへ遊びに行こう。
女：いいね。そういえば、今月は花火大会もあるし、ボタンの展示会もあるし、全部行ってみたいなぁ。パーッと、ストレス発散したい！
男：でも、全部だとちょっときついよ。ボタンの展示会は月末までやってるよ。慌てて全部行くことはないさ。
女：そしたら、先に花火大会？
男：じゃ、そうしよう。

3. 女：あれ？もう十四日？明後日は田中さんの誕生日だよね。
男：あっ、そうだね。もうそんな時期か。まだ誕生日のプレゼントを買ってないんだけど。小野さんはどう？
女：私もまだよ。今日一緒に買いに行かない？
男：今日はちょっと無理、昼からバイトもあるし…明日はどう？
女：明日の午前中は塾があるからね。
男：それじゃ、午後は可能？
女：うん、午後ならオッケー。
男：その後、映画を見てから、食事をしない？ほら、あの最新のアニメ、すごい評判だよ。
女：そうしたいんだけど、家族の食事会があるのよ。フランスで駐在員をしている兄が久しぶりに休暇で帰国してるの。
男：あー、それは大事だね。そう、わかった。じゃ、食事はまた今度ね。

第四部分　综合训练

日语听力综合训练（一）

第一节

听下面7段录音，每段录音后有1小题，从A、B、C三个选项中选出最佳选项。每段录音只播放一遍。

1. 女：明日は山田先生を迎えに行く予定です。
　　男：山田先生は飛行機でいらっしゃるんですか？

女:いいえ。飛行機の時間は遅すぎるので、新幹線で来られるんだそうです。これから迎えに行きます。その後会場まで送ります。
男:そうですか。じゃ、お願いします。
2. 女:武史君、宿題もう出来た?
男:いや、まだだよ。
女:えっ? あさって出さなきゃいけないんじゃないの?
男:締切は八日だよ。四日じゃないよ。
女:あっ、そうか。
3. 男:美咲さん、元気ないね。風邪?
女:いいえ。
男:じゃ、財布を落としたの?
女:そんな。
男:一体どうしたんだい?
女:あのね、うちのワンちゃんが二週間も帰ってこないのよ。食べ物はあるか、寝るところはあるか、すごく心配なのよ。
4. 男:結婚記念日をどういうふうにお祝いしようか。
女:豪華な食事はどう。
男:そうだね。懐石料理、中華料理、西洋料理などいろいろあるけど、なにがいい。
女:やっぱり和食のほうがいいね。
男:じゃあ、そうしよう。
5. 男:もしもし、鈴木と申しますが、佐藤先生はいらっしゃいますか?
女:あいにく出かけているんですが。
男:いつごろお帰りになりますか?
女:あのう、3時には帰るって言っていましたが…もう4時ですね。
男:それでは、一時間後にまたお電話を差し上げます。
女:はい。よろしくお願いします。
6. 男:昨日はブックオフへ行ったんだったっけ。
女:うん、本当は古本を買いたかったんだけど、ブランド品がキラキラしてて、とっても綺麗だったのよ。
男:それで、何か買った?
女:私、目で楽しめれば十分なのよ。

男：そうか。じゃ、古本は買った？
女：ブランド品ばかり見ていて、忘れちゃった。

7. 女：いらっしゃいませ。この赤いバラの花は今売れていますよ。恋人同士には大人気です。
男：あのう、女性の先生向けの花は何がいいですか？
女：あ、それならカーネーションをお勧めします。ピンクと赤の二種類がありますけど。
男：そうですか。値段は同じですか？
女：はい、同じです。
男：先生はピンクが好きだそうなので、じゃ、これにします。

第二节

听下面4段录音，每段录音后有2小题，从A、B、C三个选项中选出最佳选项。每段录音只播放两遍。

8、9
女：ねぇ、期末試験はどうだった？
男：数学は90点、英語は85点。国語はあんまり難しくなかったと思うんだけど。時間さえあれば、満点とれたと思うよ。
女：どうして？問題の量が多かった？
男：いいや、普通だよ。
女：じゃ、どういうこと？
男：そのー、実は遅刻しちゃったんだ、僕。
女：え、まさか？試験の時間を間違えたとか？それとも、交通渋滞だったの？
男：実はさあ、僕、朝弱いから、寝坊しちゃったんだよ。
女：それはそれは…もしかしたら、不合格かもね。
男：うーん。そうかもね。でも次回の試験はきっと頑張るよ。

10、11
男：公演開始まで後20分だよね、何で皆まだ来ないかな？
女：あのう、さっき鈴木さんから電話があって、麻結さんが交通事故！車に轢かれてしまったらしいのよ。
男：えっ！まじ！怪我したのか？
女：ええ、さっき入院したらしいのよ。鈴木さんと佳奈さんは病院で世

話をしているんだって。
男：麻結さんの両親には知らせたのかい？
女：あっ、忘れてた。
男：じゃ、電話しておいてね、頼む。僕はチケット代金を払い戻してもらってくるから。その後一緒にお見舞いに行こう。
女：ううん、いいよ。

12、13
男：それでは、明日の観光スケジュールを説明させていただきます。朝はホテルのレストランで食事してから、7時50分ごろ集合、8時ごろ出発します。だいたい1時間で西洋美術館につきます。皆さん十分に楽しんでから、昼ご飯を食べて、午後、皇居へ行きます。
女：あのう、すみません。買い物とか、東大見学とか、自由行動する時間はありますか？
男：はい、皇居の後は自由ですから、どうぞごゆっくり。
女：東京タワーは観光スケジュールに含まれていないんですか？
男：残念ながら、含まれていないんですよ。でも、僕個人的にはお勧めします。

14、15
女：今から当店の人気top3のお茶をご紹介します。まず一番目のお茶ですが、ビタミンたっぷりで、病気予防の効果があるので、体の弱いお客さんはぜひ飲んでみてください。値段は8,000円です。二番目のお茶は味が変わるユニークなもので、一杯目は苦い味、二杯目は甘い味に変わります。6,000円です。三番目のお茶は爽健美茶で、体重を減らす絶妙な効果で何回も買われるお客様が多いです。8,600円です。

日语听力综合训练（二）

第一节

听下面7段录音，每段录音后有1小题，从A、B、C三个选项中选出最佳选项。每段录音只播放一遍。

1. 女：昨日の音楽会どうでしたか？
   男：好評だったようですよ。
   女：そうですか。行きたかったんですけどね。

男:本当に残念。僕も残業ばっかりで…
女:まあ、しょうがないですね。
2. 男:昨日、学校来なかっただろ。どうして?
女:図書館へ行ったのよ。
男:え、わざわざ本を借りに行ったの?
女:実はねぇ、作文コンクールに参加して、まさかの一等賞を受賞したの。昨日は授賞式に行ったの。
男:え、すごい。風邪でも引いちゃったかなと思って、心配だったんだけど。
3. 男:明日はコンサートへ行くんだよね。チケット、忘れないでね。
女:うん。ほかには?
男:電車に乗るから、パスモも持って来て。
女:うん。財布や携帯も必要ね。
男:それはもちろん。
女:お菓子は? 音楽を楽しんでる途中でお腹が空いたら食べてもいいの?
男:コンサートは飲食禁止だからさ。
女:うん、わかった。
4. 男:ただいま。
女:ああ、太郎くん。お帰り。
男:天気予報じゃ雪だっていうから、僕、ワクワクして待っているのに。
女:天気予報ってたまにあてにならないのよね。
男:僕、雨は嫌だ。今日、体育の授業も中止だった。本当は友達と雪だるまをつくりたかったのに。
女:残念ね。明日は曇りだそうよ。
5. 男:あのう、お母さん、生活費、一万円アップしてもらってもいい?
女:何? 一万円? どうして?
男:彼女ができたんだよ。
女:だから生活費足りないの? でも、今、毎月三万円あげているわよ。
男:そこをなんとか! お母さん、お願い。
女:もう一、しょうがないわね。五千円しかアップしてあげないわよ。足りない時は、アルバイトや奨学金などで何とかして。

男:うん、ありがとう。
6. 女:すみませんが、ここで止めてください。
   男:あっ、ちょっと車が多くて止められませんよ。ちょっと前のところでいいですか?
   女:バスに乗り換えたいから、バス停で降りたいんですけど。
   男:バス停の前は停車禁止なんですよ。近くのデパートの駐車場で止めますよ。すこし歩くとバス停が見えますから。よろしいですか?
   女:はい、お願いします。
7. 女:もしもし、桜図書館です。河口様のお宅でしょうか。ご利用になられている三冊の本ですが、後三日で返却期限になりますので、ご注意ください。もし、返却期限をすぎても、お返しいただけない場合は、一日一冊につき500円頂くことになります。以上、お知らせいたします。では、失礼します。

第二节

听下面4段录音,每段录音后有2小题,从A、B、C三个选项中选出最佳选项。每段录音只播放两遍。

8、9
   女:ねえ、アメリカのバスケット選手のインタビューはどうだった?確か上村君が行くことになっていたはずよね。
   男:そうなんだけど、部長ったらどうしても水原さんをバスケット選手に会わせてあげたいって言うんだよ。それでしょうがなくて。
   女:え?どうして?
   男:英語力が理由だと思う。水原さん英語ペラペラだし、TOEICの試験で900点も取ったそうだから。
   女:すごいね。知らなかった。じゃ、上村君も頑張って英語の塾とか通って勉強してね。
   男:うん、僕も頑張って英語力を上げたいから、まずは絶対すぐに学校の英語ミニ講義に参加して勉強するよ。でも、先に京都へ一週間出張することになってるんだよ。相撲大会のインタビューなんだ。その後からになるけど。絶対継続して成果を上げてみせるよ。

女:そう。忙しいのね。でも、その意気なら大丈夫そうね。

10、11

男:お客様、何になさいますか？

女:ええと、何かお勧めはありますか？

男:看板料理は親子丼です。うちの一番人気ですよ！

女:親子丼はちょっと…

男:お嫌いですか。当店のは普通の親子丼じゃありませんよ。一回お召し上がりになればすぐわかりますよ。

女:いや、そうじゃなくて、親子丼って、卵と鶏が入っていますよね。

男:はい、そうですが…

女:私は鶏は大丈夫なんですけど、卵を食べると大変なことになるんですよ。

男:あー、そうなんですか。申し訳ございません。

女:じゃ、卵が入ってないラーメンをください。

男:はい。ラーメンだとマンゴージュースか、キウイジュースか、コーラをサービスいたしますので、どちらになさいますか？

女:私は熱帯の果物にもアレルギーがあるんですよ。

男:はい、かしこまりました。

12、13

男:それでは、面接試験について説明しますので、皆さんよく聞いてください。ええと、音楽学部を希望している人は、男子も女子も201教室という予定でしたが、今年は海外からの留学生が多いので変更になりました。男子は201教室ですが、女子は202教室へ行ってください。ダンス学部希望の人は女子は三階の301教室、男子は302教室です。美術学部を希望している人は全員四階の401教室で試験を受けていただきます。以上です。質問はありますか？じゃ、なかったら解散します。

14、15

女:太郎、早く起きて、もう七時だよ。

男:今日は学校へ行かないよ。

女:どうして？今日は週末じゃないし、学校、休みのはずがないでしょ。

男:行きたくないんだよ。

女：え？体の具合悪いの？
男：そうじゃなくて。
女：わがままいっちゃダメよ。
男：今本当に憂鬱なんだ。
女：一体どういうこと？学校行くのは楽しみだって言ってたじゃない？
男：昨日、なぜかわからないけど、女の子たちに「デブ」ってバカにされたんだ。僕は何も悪くないなのに。悲しいんだ。
女：それはいじめね。太郎はもちろんいい子よ。優しいし、勉強家だし、歌も上手。で、担任の先生に言ったの？
男：ううん、恥ずかしくて言えなかった。
女：担任の先生にちゃんと伝えてね。そうしないと、その女の子たちはもっとひどいことをするかもしれないわよ。しゅんとしてないで、しゃんとして。お母さんも担任の先生に連絡して、太郎を応援するからね。
男：ううん。お母さん、ありがとう。じゃあ、学校に行くよ。

日语听力综合训练（三）

第一节

听下面 7 段录音，每段录音后有 1 小题，从 A、B、C 三个选项中选出最佳选项。每段录音只播放一遍。

1. 女：あのう、大宮へ行きたいんですが、次の電車はいつですか？
   男：ええと、2時です。
   女：今1時45分ですね。まだお昼ご飯も食べていないから間に合わないですね。じゃ、2時以降のは？
   男：3時ちょうどになりますが。
   女：はい、わかりました。じゃあ、それに乗ります。
2. 男：それ、宮本さんの新しい車？大きくて、いいね。
   女：ええ、大きい車だと中の空間が広くて快適よ。
   男：僕も大型車欲しいな。そろそろ買い換えたい。ところで、最近灰色の車が人気があるらしいね。
   女：そうらしいね。木村さんの車も灰色なの？
   男：いいや、白だよ。
3. 男：バレエ始めたんだって。

女:ううん、毎日バレエ教室に通ってる。楽しいわよ。おかげで体も丈夫になったし、いい友達もできたわ。
男:でも、どうしてバレエにしたの？踊りも色々な種類あるでしょ？
女:小さい頃にロシア人のバレエダンサーが出演していた「スワンレーク」を見て、その上品な姿が印象深かったの。自分も習いたいなあと思ったの。
男:なるほど。じゃあ、今、夢が叶ったんだね。
女:うん、練習は辛くても我慢して頑張るわ。

4. 男:恵子さん、どうした？元気ないね。
女:昨日どこかでカバンを落としちゃったのよ。
男:ええ？カバンには何が入っていたの。
女:昨日はポケットが多いコートを着ていて、財布やパスポートはポケットにいれていたので、大丈夫だったの。でも、ハンカチは別にしてたので、失くしちゃったの。
男:ハンカチならもう一つ買ったらいいでしょう。
女:でも、あれは亡くなったおばあちゃんからもらったプレゼントで、ずっと大事にしていたのに。
男:ああ、ごめん。そうかー、それは残念だったね。

5. 女:部長、来週新入社員の歓迎会をしますけど、場所はまだ決まっていません。
男:去年はどこでやったっけ？
女:桜井会館です。でも、最近閉店しました。
男:そうか。じゃ、企画部の歓迎会はどこでした？
女:嵐会館です。
男:嵐会館だと…うちの予算で大丈夫かなー？
女:ぎりぎりです。紅葉会館なら全然大丈夫ですよ。
男:あそこは狭すぎるよ。ちょっと値段が高くても皆でのんびりして楽しく遊ぼう。
女:はい、かしこまりました。

6. 男:来週の出張、九時に会場で集まるそうですが、どうしましょうか？
女:そうですね。六時半の特急だと、七時半頃は名古屋に到着しますね。それから電車を乗り換えて、最寄りの駅で降りてから、二キロ

ぐらい歩くと会場に着きます。大丈夫でしょう。
男:特急で行くなら、今日中に切符を買わなければいけません。じゃ、僕の車で直接に会場まで行くのはどうですか？そのほうが気楽でいいと思います。
女:え？それでいいんですか？
男:大丈夫ですよ。車だと七時半頃出発しても、時間はたっぷりですよ。
女:でも、私は乗り物酔いするので、車にはあんまり乗れないです。
男:そうですか。分かりました。じゃあ、やっぱり特急にしましょう。

7. 女:もしもし、上村です。
男:恵子、俺だけど。
女:あ、お兄ちゃん。どうしたの？
男:いま病院から電話をしている。生まれたんだよ。
女:本当？おめでとう。で、理恵さんと赤ちゃんは元気？
男:うん、元気だよ。
女:よかったね。
男:で、今日から一週間、下の子を預かって欲しいんだけど。上の子はお母さんに任せた。俺は病院で理恵と赤ちゃんを世話するから。
女:いいよ。下の子だけじゃなく、上の子も面倒を見てあげるわよ。
男:ありがとう。頼むよ。

第二节

听下面4段录音，每段录音后有2小题，从A、B、C三个选项中选出最佳选项。每段录音只播放两遍。

8、9
女:ご来店ありがとうございます。ただいまよりお客様に本日の当店のバーゲンのご案内を申し上げます。一階の化粧品売り場では、各ブランドにより10％か20％の割引をしております。また、二階の衣料品売り場では婦人服を、三階では子供用品がセール中でございます。さらに、四階には両替のための銀行窓口、五階のサービスセンターには免税の受付、六階には言語サービス室がございます。お買い上げ金額が一万円以上で免税になります。その際にはパスポートと領収証が必要です。外国からいらっしゃったお客様はどうぞご

利用くださいませ。

10、11

女:先生、ちょっとよろしいでしょうか?

男:はい、何ですか?

女:すみませんが、来週の試験は休ませていただけないでしょうか?

男:え? どうして? アルバイトですか? それとも、部活動ですか?

女:実は大学の弁論大会に参加することになりました。

男:そうですか。頑張ってね。

女:ありがとうございます。あのう、でもやっぱり試験を受けないと不安です。追試はありますか?

男:平日の試験だから、追試は行いませんよ。

女:それだと単位はないんですよね。先生、なんとかしていただけませんか? お願いします。

男:そうですね。じゃ、代わりにレポートを出してくれる?

女:はい、かしこまりました。ありがとうございます。

12、13

男:玲子さん、おはよう。

女:あ、長尾君、おはよう。

男:玲子さんのカバンは重そうだね。

女:うん、重いわよ。

男:何が入ってるの?

女:全部本よ。

男:へえー? 今日は授業そんなに多いの?

女:いいえ、そうじゃなくて、ボランティア活動で使うから。

男:玲子さんはボランティアをやっているの? すごいね。

女:いいえ、とんでもない。今、毎週土曜日に幼稚園の子供に絵本を読んであげてるの。

男:土曜日か。今日も行くの?

女:ええ、終わってから行く。

男:絵本は自分で買ったの? それとも、友達からもらったの?

女:友達が紹介してくれた図書館から借りたの。

男:そうか。あっ、チャイムが鳴ったよ、教室に入ろう。

14、15
　　女：ねー、今度の週末、何するの？
　　男：まだ決めてないよ。
　　女：どこかへ遊びに行きたいね。
　　男：ええと、関西はどう？京都とか、大阪とか、奈良とか。
　　女：大阪には有名なテーマパークがあるそうね。
　　男：うん。京都と奈良も歴史の雰囲気がいい町だよ。
　　女：やっぱりテーマパークがいいと思うけど。
　　男：よし、分かった。それでいいよ。
　　女：じゃ、新幹線で行く？それとも、飛行機で行く？
　　男：両方とも高いよ。それなら夜行バスのほうがいいんじゃない？
　　女：疲れるけどね。
　　男：交通費を節約できるよ。そのお金を使っていろいろ遊んだり、美味しいものを食べたりできるから、いいんじゃない？
　　女：うん、そうしよう。

日语听力综合训练（四）
第一节
听下面7段录音，每段录音后有1小题，从A、B、C三个选项中选出最佳选项。每段录音只播放一遍。

1. 女：わあ、そのノート、可愛い。
   男：え？どれどれ？
   女：表紙には猫が描いてあるの。
   男：ふーん、税抜きで1,500円かぁ。
   女：税込価格は1,550円だよね。これ、姉と妹も好きかもしれないから、3冊買いたいな。

2. 女：やっと終わったね。帰ろうか？
   男：僕たちは最後だから、ちゃんと掃除をして、鍵を閉めなきゃ。
   女：そうね。鍵は事務室でもらうんだよね。
   男：うん、掃除をしてから、もらいに行こう。
   女：そうね。でも、机と椅子がバラバラになってるので、先に片付けようか？
   男：うん、いいよ。

3. 男:高宮さん、学生寮の申請手続き、もうできましたか?
   女:あのう、実は学生寮の料金はちょっと高いと思うので、大宮で部屋を借りることにしました。
   男:なるほど。
   女:で、毎日大宮から通うわけですが、何が便利ですか?
   男:普通は電車で通いますね。
   女:はい。でも毎日だと交通費もかなりかかりますし、歩いて通うと時間の無駄になりますよね。
   男:じゃ、自転車はどうですか? 学生会で借れますよ。
   女:あ、なるほど。わかりました。ありがとうございます。
4. 女:高村先生、おはようございます。
   男:あ、鈴木さん、おはよう。
   女:あのう、先生、ちょっとよろしいでしょうか?
   男:はい、何ですか?
   女:日本のごみ処理についてレポートを書いたんですが、見ていただけないでしょうか?
   男:いいですよ。
   女:明後日、渡辺先生の授業で発表するんですが…
   男:え? 明後日?
   女:はい、明後日です。急で本当に申し訳ございません。
   男:どうしよう。時間がないなー。しょうがないね。まあ、良いや。見ておくよ。
   女:お忙しいところ本当にすみません。
5. 女:はい、桜音楽教室です。
   男:こんにちは。佐藤園子の父ですが。娘のピアノの授業を予約したいんですが。
   女:はい、佐藤園子さんですね。担当の鈴木先生の授業の時間は、毎週月、水、金曜日の午後3時、土曜日の午前10時です。
   男:あのう、娘は土曜日の午後しか空いていないんですけど…どうしよう?
   女:ええと、それなら、ほかの先生はいかがでしょうか? 藤原先生の授業は土曜日の1時から3時、田中先生は4時から7時です。

男:あー、それなら、ちょうどいいです。実は、娘は五時から英語の授業もあるんですよ。
女:はい、わかりました。じゃ、予約しておきます。
男:じゃあ、よろしくお願いします。

6. 女:川田さん、ご出身はどこですか?
男:僕、生まれたのは沖縄なんです。だけど、父の転職で、生まれてすぐ京都に引っ越しました。沖縄のことは何もわかりません。
女:それからずっと京都ですか?
男:ええ、東京の大学に入るまではずっと。
女:じゃあ、京都については詳しいですよね。
男:もちろん。チャンスがあればご案内しましょう。

7. 男:夏休みはどうだった?海外旅行でも行った?
女:どこにも行かなかったのよ。計画が変わったの。
男:え?どういうこと?体の具合でも悪かったの?
女:いいえ。初めはタイの予定だったんだけど、急にお母さんが病気で倒れて、看病しなきゃいけなかったの。だから、私の代わりに友達がタイに行ったの。
男:なるほど。で、お母さんもう大丈夫?
女:うん、ありがとう、もう大丈夫よ。

第二节

听下面4段录音,每段录音后有2小题,从A、B、C三个选项中选出最佳选项。每段录音只播放两遍。

8、9
男:ああ、明子ちゃん、久しぶり。
女:武史君、久しぶり。
男:最近どうしてた?
女:転勤したのよ。
男:え?まじ?どうして?前の会社は給料が高いし、上司が優しいっていってなかった?
女:そうだけど、毎日残業ばかりでうんざり。それに同僚もうるさくて…だから人間関係もあまりうまくいかなかったのよ。
男:そうか。それでやめたのか。

女:それになによりも通勤時間の問題ね。片道3時間もかかって最悪だったのよ。
男:えー！それは長すぎるね。
女:そうなのよ！
男:今の会社はどう？
女:給料は若干低いって感じだけど、家と目と鼻の先で楽。
男:同僚とは仲良くしている？
女:うん、皆親切で、とても居心地いいの。それから、高校時代からずっと好きだった先輩も偶然今の会社に勤めてるし、最高よ。
男:なるほど。

10、11
女:あのう、すみませんが、今日は論文の指導会議、確かにありますよね。
男:はい、ありましたよ。
女:場所は203の教室ですか？
男:はい、そうですが…
女:でも、さっき教室に行ったんですが、誰もいなかったですよ。
男:いや、もう、指導セミナーは20分前に終わりましたよ。
女:え？でも、今2時50分ですよ。3時からじゃないんですか？
男:いえ、3時じゃなくて、13時です。聞き間違えられたんでしょう。
女:ああ、大変！どうしよう？
男:これはセミナーの参考資料です。もしよかったら、どうぞ。
女:助かりました。ありがとうございます。
男:いいえ、どういたしまして。二週間後また指導会議を行いますので、よく読んでおいてくださいね。
女:あらー、この量じゃとてもじゃないけど、二週間じゃ読みきれません。困りましたぁー。
男:まあ、大変ですけど頑張ってください。

12、13
男:あれ、おかしいな。
女:何ウロウロしているのよ？どうしたの？
男:USBメモリーを探しているんだけど、なかなか見つからないんだ。

女：どんなUSBメモリーなの？
男：猫の形をしているんだけど…授業用の資料が全部中に入っているんだ。困ったな。
女：猫？ あ、さっき引き出しの中で見たわよ。
男：本当？ ああ、よかった。
女：はい、これでしょう？
男：いや、その黒い猫のには研究用の資料が入っているんだ。白い猫のなんだよ。
女：そう？ たしかー、本棚の上に白い猫のがあったはずだけど…
男：あれは玲子ちゃんのHello Kitty。僕は招き猫のだよ。
女：じゃ、一体いつ使ったの？
男：ええと、昨日事務室で授業用の資料をUSBメモリーにコピーして、教室で授業をして、それから戻ったんだけど…
女：授業の時、USBメモリーを使った？
男：うん、もちろん。ああっ！ そうだ！ 教室に忘れちゃったんだ。
女：でしょう！

14、15

女：今回の水泳大会で優勝することができて非常に嬉しいです。ふりかえってみると、毎日厳しい練習を重ね、ときには諦めたい時もありましたけど、親友の励ましもあって、辛くても頑張れました。でも、毎日の練習だけで優勝できたのではありません。勝てた秘密は水着です。今着ている水着は鮫の肌を真似て作った特別な繊維で作られているんです。最新の科学技術のおかげで、やっと水泳選手たちの夢が叶いました。話は変わりますが、今回、あの優秀な中田選手が急病で倒れてしまって、試合に出られなかったそうで、大変残念です。早く快復されるようお祈りいたしております。

日语听力综合训练（五）

第一节

听下面7段录音，每段录音后有1小题，从A、B、C三个选项中选出最佳选项。每段录音只播放一遍。

1. 男：今日は金曜日ですね。明日は塾に行きますか？

女:いいえ、塾は休みです。
男:そうですか。じゃ、せっかくの休みなので、友達と遊びにでも行きますか？
女:実は姉と一緒に図書館へ行くつもりです。
男:さすがに勉強家ですね。

2. 男:切符はいくらですか？
女:大人は600円、子供は300円です。3歳以下の子供なら、切符はいりませんよ。
男:そうですか。じゃ、3歳の子供は無料ですか？
女:はい、無料です。
男:大人6人と子供3人、2歳、3歳と9歳なんですが、全部でいくらになりますか？

3. 男:ニュースで聞いたんですが、最近の子供は放課後塾に通ってる子が多いそうですね。
女:そうらしいですね。娘も毎日通っていますよ。
男:え、毎日？何を勉強してるんですか？
女:ええと、月曜、水曜、金曜は数学。火曜と木曜はピアノ。土曜と日曜は英会話です。
男:お嬢さんは忙しいんですね。
女:ええ、でも、頑張っていますよ。

4. 男:張さん、今回の日本語スピーチコンテストに参加すると聞いたんだけど。
女:はい、そうです。
男:で、テーマは決まりましたか？
女:そうですね、今悩んでいるところです。で、先生、ご指導をお願いできませんか？
男:そうだねー、日本の歴史とか、文化とか、言語とか、張さんが興味を持っているものを選べばいいと思うよ。
女:ええと、日本の方も中国の方も皆注目するような話題だと意味があると思うんですが…日中関係についてはどうでしょうか？
男:難しくないですか？もう少しテーマを小さくしてみては…
女:はい。じゃ、日中交流の歴史をいろいろ紹介する中で、漢字の伝来

を一つの例として挙げるのはどうですか?
男:スピーチは20分ぐらいに制限されているので、できるだけ分かりやすい内容をはっきり発表してください。むしろ漢字に焦点をしぼったほうがいいと思うよ。
女:わかりました、そうします。ありがとうございます。

5. 男:週末、暇?
女:暇だけど、何?
男:一緒に遊ばない?
女:いいわよ。ディズニーランドへ行きたいな。
男:週末だとあそこは人ごみがちょっといやだな。映画館や美術館はどう?
女:なんか新しい作品、上映されてるの?
男:うん、今人気のアニメ映画が上映されてるよ。美術館でも富士山に関する名作の展覧会、やってるよ。
女:でも、ストレス解消にはやっぱりテーマパークがいいと思うわ。
男:分かった。じゃ、人が多くても行こう。
女:うん!嬉しい。

6. 女:皆さん、これから午後の予定をお知らせしますので、よく聞いてください。1時から4時まではグループごとに会議します。4時から20分ぐらい休憩して、その後5時までは全体会議です。全体会議の後10分間休憩、それから修了式を行い、6時頃終わります。なお、全体会議と修了式はこの会場で行います。何か質問はありますか。なかったら、午前の部はこれで終わります。

7. 女:お客様、いかがですか?
男:ええと、紺色は大丈夫、変えなくていいよ。丈がちょっと短いな。もうすこし長くしてもらえるかな?
女:でも、これより長いと…この長さでちょうどいいかと存じますが。
男:なるほど。じゃ、このままでいいよ。
女:はい。ウエストはいかがでしょう?
男:そうだね。なんかきついなー。
女:では、2センチほど直しましょうか?
男:うん、それでいいよ。よろしくね。

第二节

听下面 4 段录音,每段录音后有 2 小题,从 A、B、C 三个选项中选出最佳选项。每段录音只播放两遍。

8、9
女:あら、長尾君、最近太ってきたね。
男:へえ、何でわかるの?
女:見ればすぐわかるわよ。ほら、お腹が大きくなった。最近肉をたくさん食べたの?
男:肉は好きだけど、あまり食べていないよ。
女:じゃ、一日三食しっかり食べてるうえに、量も多いんじゃない?
男:いいや、忙しくて朝ご飯を食べる時間もないよ。
女:それはよくないわね。
男:わかっているけど、しょうがないんだよ。残業で徹夜する場合もよくあるし。
女:徹夜するとお腹すいたりしない?
男:うん、だからよくインスタントラーメンを食べているよ。それにたまに接待で居酒屋へビールをいっぱい飲みに行ったりするしね。
女:それが原因ね。
男:あ、そうかも。
女:太ると健康に良くないよ。何とかしてね。
男:そうだねー、僕、ダイエットしようかな。
女:ダイエットするより、生活習慣を変えたらどう?
男:そうだね。ビールを控えめにして、水泳とか始めるぞ!
女:よしよし!その調子!じゃあ、頑張ってね。

10、11
男:明日から夏休みが始まりますね。皆さんは多分家族旅行に行ったり、友達と遊んだり、部活動をしたりして、楽しく過ごすと思います。でも、勉強も忘れないでね。英語の聞き取り、読解、書き取り、翻訳などの総合的な能力を上げるためには、十分な練習が欠かせないと思います。で、週に一回英語のラジオのニュースを1つ聞き取り、日本語に訳してください。それから、ニュースを聞き取る前に、背景知識をまとめて読んでおいてね。最後に英語で書いた感

想文を出してください。

12、13
女:ねー、今日メール見た?
男:うん、見たけど、どうして?
女:来週の金曜日はちょっと忙しいよね。夜には新入生の歓迎会もあるし、期末試験もある。どうしよう。
男:あ、あれか。そうだねー。
女:期末試験は二時から四時までで、それから、歓迎会の準備は、一時から三時まで化粧して、三時から五時までリハーサルして、本番は六時頃始まるんだって。
男:まず、期末試験は行かなきゃね。
女:うん、そのとおり。
男:うちの合唱の出し物は何番目?
女:一番目だって。順番にやって行くらしいわ。
男:それなら、リハーサルは間に合わないね。まあ、いいから。試験が終わってから化粧することにしよう。
女:自分で化粧するということ?
男:うん、できるだろ?
女:できるけど、リハーサルをとばして本当に大丈夫?
男:僕がちゃんと担当の先生に説明するから、心配しなくていいよ。試験を優先しよう。
女:うん、分かった。ありがとう。じゃあ、そうしよう。

14、15
女:はい、桜病院です。
男:もしもし、あのう、歯が痛くてたまらないので、すみませんが、できるだけ早く先生に見ていただきたいんですが。
女:はい。ええと、あいにく今日は予約がいっぱいで、一番早い時間は、明日の午後五時頃なんですが…いかがですか?
男:明日の午前中は空いていませんか?
女:申し訳ないですが、先生は明日の午前中、外出の予定でして…
男:え? そうですか…困ったなぁ。
女:あ、少々お待ちください。今日の午後五時の予約を明後日に変更

して…あ、空けられますよ。今日の五時からなら大丈夫です。でも、今ちょうど四時ですから…お時間大丈夫ですか？間に合いますか？

男：あ、大丈夫ですよ。家は近いですから。歩いてだいたい十五分ぐらいです。

女：はい、かしこまりました。大丈夫ですよ。お待ちしております。

日语听力综合训练（六）

第一节

听下面7段录音，每段录音后有1小题，从A、B、C三个选项中选出最佳选项。每段录音只播放一遍。

1. 女：鈴木さん、お誕生日はいつですか？

   男：4月4日です。

   女：えー、私も7月4日です。同じですね。

   男：いいえ、7月4日ではありませんよ。4月4日ですよ。

2. 男：佐藤さんの家族は何人ですか？

   女：私を入れて6人ですよ。ええと、両親と兄1人と妹2人です。

   男：わあー、少子化と言われている今の日本では、かなり大家族ですね。

   女：ええ、そうですね。

3. 男：今の電車は終電？

   女：今何時ですか？

   男：10時15分前よ。

   女：じゃ、終電は15分後ですよ。

   男：そっか。わかった。

4. 男：あのー、悪いけど、1,000円貸してくれない？

   女：えっ、また？この前の2,000円まだ返してもらってないよ。

   男：ごめん、給料をもらったらすぐ返すから、お願い。

   女：もう、しょうがないな、今回だけよ。

5. 男：うーん、試験やばいなー…

   女：どうしたんですか？

   男：復習したんだけど、まったくテストの予想が外れちゃった。追試は避けられないよ。

   女：えっ？数学ですか？それとも国語ですか？

男:数学だよ。それに、英語もね、どうしよう？
6. 男:あのう、すみません。そこに座ってもいいですか？
　 女:ごめんなさい、友達があとから来ますから。
　 男:じゃー、その隣は空いていますか？
　 女:空いてますよ。どうぞ。
7. 男:今日は何日だっけ？
　 女:8日だけど。どうしたの？
　 男:懐が寂しいから、給料日、早く来てほしいなー。
　 女:我慢して、あと二日よ。

第二节

听下面4段录音，每段录音后有2小题，从A、B、C三个选项中选出最佳选项。每段录音只播放两遍。

8、9
　 男:課長、歓迎会の件ですけど、いつがよろしいでしょうか？
　 女:ええと、今週は忙しいけど、来週は全部空いてるよ。
　 男:来週のいつでもいいですか？じゃー、月曜日はいかがですか？
　 女:ええと、ごめん、やっぱり、火曜日がベストね。
　 男:じゃ、火曜日の午後4時から5時まで会議なので、6時に会社の隣の居酒屋でいかがですか？
　 女:わかったわ。それでOKよ。

10、11
　 女:昼ご飯、何が食べたい？
　 男:そうね。パスタはどう？
　 女:またパスタか。もういや。ステーキとピザと、どっちがいい？
　 男:ピザはちょっと…じゃ、僕はステーキにしようかなー。
　 女:じゃ、私も。飲み物は？ジュースはどう？
　 男:ううん、コーヒーが飲みたいね。砂糖を入れないでね。
　 女:はい、わかった。

12、13
　 男:これ家族の写真ですか？
　 女:はい、そうです。
　 男:こちらの目が大きくて、髪が長い女の子は妹さんですか？

女:いいえ、姉ですよ。妹は、隣の髪が短くて眼鏡をかけている子ですよ。

男:お姉さんは今大学生ですか?

女:はい、大学四年生です。それから妹は高校三年生で、来年は大学一年生になります。

14、15

男:やっと化学の試験が終わったよ。でも、三日後に国語の試験があるから、急がないとね。

女:えっ、国語の試験は来週の月曜日でしょう?今週の金曜日は英語の試験よ。今日は火曜日だから。

男:あれ?金曜日は英語?来週だと思っていたよ。後で国語、復習するつもりだったのに。どうしたらいいかなー。

女:じゃ、まず英語を復習してみたらどう?

男:そうするしかないなー。

日语听力综合训练(七)

第一节

听下面7段录音,每段录音后有1小题,从A、B、C三个选项中选出最佳选项。每段录音只播放一遍。

1. 女:最近、マリアさん、店にあまり来ないね。何かあった?

   男:え?知らなかった?

   女:何?

   男:マリアさんはもう帰国しちゃったんだよ。

   女:ああ、そうなんだ。残念。病気とか怪我とか心配していたのよ。

   男:確かにいきなりだったから。

2. 女:木村さん、もう大丈夫ですよ。

   男:ありがとうございます。明日は退院出来るでしょうか?

   女:いいですよ。でも、いくつかの注意事項に気をつけてください。

   男:はい、何でしょうか?

   女:辛い料理はだめです。タバコを控えめにすること。それから、なんといっても、お酒は絶対に飲まないでください。だいぶいい状態になってきてますけど、油断してはいけません。

   男:はい、分かりました。

3. 男：明日の試験について説明させていただきます。明日は停電の状況により試験の時間を調整することになります。朝8時から10時まで停電する場合は、筆記試験を先にして、10時から12時までを聴解試験の時間に当てます。朝からお昼の12時まで停電する場合は、聴解試験を午後に行います。もし、朝から午後までずっと停電するなら、聴解試験を明後日の午後に延期します。
4. 男：いらっしゃいませ。
   女：すみません。言語学の本は売っていますか？
   男：申し訳ないですけど、当店は主に小説、漫画、週刊誌など日常的な読み物を売っていますので、学術的な専門書類はあまりないんですよ。
   女：ああ、そうですか。
   男：でも、駅前の支店では学術関係の本がいっぱい揃っています。
   女：駅前の大きい店ですね。
   男：はい、そうです。
   女：でも、ここから遠すぎますよね。
   男：ええと、当店のホームページでもお気に入りのものが購入できますよ。
   女：ああ、そうですか。便利ですね。じゃ、せっかく来たので、週刊誌を買おうかな。
   男：はい、毎度ありがとうございます。
5. 女：部長、来週の会議について相談したいことがあるんですが。
   男：え？何の会議？
   女：新商品発売に関わる会議です。
   男：ああ、思い出した。あれか！
   女：それなんですが、実は井上さんはその日支社へ出張で、参加できなくなるかもしれないんですよ。
   男：ええと、ZOOMでも使って、井上さんを誘っておいて。ほかの参加者は会議室に集まること。
   女：はい、分かりました。
6. 女：健くん、新生活はどう？一人暮らしだと寂しい？
   男：ううん、楽しいよ。
   女：でも、顔色が悪いね。ストレスのせい？

男：いや、ストレスなんか全然ないよ。
女：そう？毎日ちゃんと食べてる？
男：俺は自分で作らないけど、スーパーでお弁当やおにぎりなんかを買って食べているよ。
女：じゃ、睡眠時間は？
男：毎晩ゲームをやって、遅くまで起きているよ。
女：それはいけないわ。

7. 男：遅れてしまって、ごめん。
女：どうしたの？心配していたのよ。
男：あのさ、出かけようとしていたところに急に会社から電話があって、色々話していたんだ。
女：だから遅刻したの？
男：いや、タクシーに乗って、予定の時間通りに空港に着いたんだけど。
女：で、それで？
男：でも、飛行機が遅れちゃったんだよ。
女：なるほどね。それじゃ、しょうがないわね。
男：それから、携帯も電池切れで使えなくなっちゃって。心配かけて悪かった。
女：ううん、大丈夫よ。

第二节

听下面4段录音，每段录音后有2小题，从A、B、C三个选项中选出最佳选项。每段录音只播放两遍。

8、9
男：へええ、大変だな。
女：新聞記事に何か載っている？
男：うん、最近、悩みを持った人がどんどん増えているって。
女：そうね。みんな悩みを持っているのね。仕事とか、生活とか。
男：でも、中高年層に限らないみたいで、若年層にも広がっているよ。小学生でも鬱病にかかるという極端な例もあるみたいだよ。
女：え？本当？怖い！
男：そうだね。
女：どうしてそうなのかしら？親からの遺伝病か、それとも精神的な疲

労なのかしら。
男：うーん…今の青少年の間では学業の競争が激しいとか、学んでいる内容が昔より難しくなっているとか…
女：勉強のストレスということね。
男：うん。それから、家庭内の不和も原因だと考えられるみたいだね。
女：家庭内暴力とか、親子関係の破綻とかね。
男：確かに。
女：やっぱり、治療より予防のほうが大切だよね。何かあったらなるべく先生や友達に相談したほうがいいと思うわ。
男：でも、親も自分の子の心理状態に関心を持って、おかしいと感じたらすぐにお医者さんに診てもらうことが大事だよね。
女：ええ、私もそう思うわ。

10、11
女：すごい、鹿が多いですね。
男：でしょう。
女：ええ、奈良は鹿で有名だと分かっていましたけど、本物を見ると想像以上に可愛い。いわゆる、百聞は一見に如かずだわ。
男：鹿と記念写真なんか撮りましょうか？
女：あ、いいアイデアですね。
男：これは鹿せんべいです。餌なので、鹿に見せてあげたら、近づいて来るよ。
女：わー、すごい。それから、あのう、和服姿で写真を撮れたら…私…可愛いかも。
男：そうですね。近くに和服レンタル屋さんが何軒かあります。女性の観光客に大人気ですよ。
女：最高！じゃ、行きましょう！

12、13
女：あら、大変だわ。
男：どうしたの？
女：2時に森絵工場と打ち合わせる予定があるんだけど、すっかり忘れてたわ。
男：あ、でも、今もう1時だよ。間に合うのか？

女:約束だから、遅れても行くわ。こちらから謝るわ。
男:わかった。じゃ、俺は先に向こうさんに電話して、2時半ごろ着くと伝えておくよ。
女:ありがとう。で、会議資料はコピー室に置いたんだけど、ちょっと鍵を借りてもいい？
男:いいよ、どうぞ。
女:ありがとう。

14、15
女:渡辺さん、来週の日帰り旅行、行くの？
男:うん、行くよ。
女:でも、朝7時に集合なんて、ちょっと辛いね。
男:え？変更になったのか？7時半じゃないの？
女:ちょっと確認してみて。
男:あ、ごめん。間違えてた。7時10分は観光バスの発車時間だ。
女:でしょう。
男:じゃあ、会社の正門で集合するか？
女:ううん、だめだめ。正門のところには駐車できないから、南の駐車場にしましょう。あそこだと大丈夫よ。
男:わかった。
女:部長も同じ観光バスに乗るというのは聞いている？
男:え？知らなかった。それなら遅刻はだめだね。
女:そうよね。

日语听力综合训练(八)

第一节

听下面7段录音,每段录音后有1小题,从A、B、C三个选项中选出最佳选项。每段录音只播放一遍。

1. 女:ごめん、遅くなって。待った？
   男:ううん、大丈夫だよ。で、何かあった？
   女:ええ、途中、人身事故で電車が急に止まっちゃったの。
   男:え？じしん？じこ？地震があった？
   女:違うよ。人がホームから落ちたという怖い事故よ。
   男:なるほど。それは大変だったな。

2. 男：絵里ちゃん、大学の生活はどう？
   女：楽しいよ。食堂の料理は安くて美味しいし、寮も広くてきれい。なんといっても、キャンパスの環境は素晴らしいと思う。
   男：そっか。じゃ、人間関係は？
   女：まあ、同級生たちの間の競争は激しくても、互いによく協力してるよ。
   男：仲良くしているんだね。
   女：そうそう。でも、授業はすごく難しくて。頑張らなきゃ。
3. 男：もうすぐ彼女の誕生日だけど、なんかプレゼントとか買いたいな。
   女：そう？それはいいね。
   男：で、何がいい？俺、買ったことがないんだけど。
   女：ええと、普通は、化粧品とか花束とか大人気よ。でも、心こめて選んだプレゼントなら、気持ちは伝わるよね。
   男：そうだね。化粧品のことは俺には全然分からない。まあ、彼女は花が好きなようなんだけど、今大学院の入学試験を準備しているので、参考書や文献資料などをいっぱい買わないとだめなようなんだ。
   女：でしょう。でもそれは安くないもんね。
   男：うん、わかった。値段が高くても役立つものを買ってあげることにしよう。
4. 男：これは張さんの家族の写真ですか？
   女：はい、大家族でしょ？
   男：この方はお母さんですか？よく似ていますね。
   女：いいえ、おばです。旅行会社に勤めています。母はこの時病院の手術で出張していたんです。
   男：そうですか。じゃ、この方はお父さんですか？
   女：いいえ、いとこですよ。私より15歳ぐらい年上、大学で哲学を教えています。
   男：ああ、間違えてごめんなさい。
   女：いいえ、大丈夫です。父は残業で講義に出ていました。つまり、父も母もこの写真の中にはいないんですよ。父と母以外はみんな揃っています。
   男：そうですか。

女：ええ、二人とも普段はとても忙しいんです。

5. 男：あのう、すみませんが、もうちょっと静かにしてくださいませんか?

女：ああ、すみません。やっぱりうちのペットの鳴き声、うるさいですか?

男：いいえ、ペットじゃなくて。

女：子供たちもよく騒ぎますね。ごめんなさい。

男：子供たちなら我慢できますけど…あのう…

女：はい?

男：昼はいくら騒いでも大丈夫ですけど、俺は夜遅くとも10時ごろ寝ますんで。なので10時以降はテレビの音量を少し落としてくれませんか?

女：はい、分かりました。すみませんでした。

6. 男：明子さん、今回の新入生歓迎会ではなにか出し物を一つしてくれないか。

女：え、私?

男：確か歌が上手と耳にしたんだけど、日本語の歌を一曲お願いね。

女：でも、私一人だと恥ずかしくて無理よ。それより英語、フランス語、ロシア語、日本語、そして中国語の専攻の同級生を呼んで、一緒に多言語で歌ったらどう?

男：それはいいアイディアと思うけど、後輩たちはもうそういうような出し物をする予定になってるよ。

女：そっか、ダブっちゃうね。じゃ、多言語で朗読とか、ダンスとかしたら?やっぱりみんなで一緒に出し物をしたほうがやりがいがあると思うよ。

男：うん、その通りかも。でも、ダンスは練習にかなり時間がかかるなー。けど、朗読はそれほどじゃないよね。みんな忙しいからね。

女：ええ、じゃあ、練習時間の少ないものにしよう。

男：そうしよう。

7. 男：真由美さん、どうして泣いているんだい?

女：あ、先輩…

男：一体どうしたんだ?

女：だって、ひどいよ。

男:試験を心配しているのかい？ストレス解消には注意しないといけないよ。

女:あ、試験は心配しているけど、ストレスと言うほどではないんです。実は今恋愛映画を見ていたんです。

男:え？

女:愛し合う恋人同士が結婚できなくて…ひどいね。

男:そっか。誰かに苛められたのかと思ったよ。

女:ううん。苛められるわけないですよ。

第二节

听下面4段录音，每段录音后有2小题，从A、B、C三个选项中选出最佳选项。每段录音只播放两遍。

8、9

女:皆さん、おはようございます。入学おめでとうございます。これから入学手続きについて説明させていただきます。よく聞いてください。まず、健康診断書を各学部の指導先生に提出してください。外国語学部と芸術学部は9月2日、体育学部と医学部は9月3日、それ以外は9月4日です。それから、大学のホームページで自分の履修届を提出しなければいけません。締切は9月15日です。履修届を提出しないと単位が取れないから気をつけてください。詳しいことはマニュアルに載っているので、皆さんよく読んで十分に理解した上で提出してください。なお、9月1日から14日までは授業を試聴する期間ですから、試聴してから自分の好みの科目を決めたほうがいいと思います。もちろん、この期間に履修届を提出しても構いません。不明な点がありましたら、学生相談室で聞いてください。

10、11

女:上原さん、ちょっといいですか？

男:はい、なんですか？

女:北駅に行きたいんですが、どう行けばいいですか？

男:うん、で、どこから出発する？

女:あ、大学からです。

男:ええと、まず616番のバスに乗って、それから落城で地下鉄二号線

　　　　に乗り換えれば終点は北駅だよ。
　女：そうですか。だいたい何時間かかりますか？
　男：そうだね。待ち時間も含めて、バスは30分、地下鉄は60分ぐらいかな。まあ、少なくとも90分あれば着くよ。
　女：午前中の授業は12時ごろ終わるので、それから、すぐ出発するつもりです。午後、北駅発の2時の新幹線に乗りたいんです。
　男：なるほど。それだとややきついね。
　女：そうですね。それから、荷物も重いし…
　男：じゃ、タクシーで北駅まで行ったらどう？
　女：あのう、タクシー代は高すぎるんで…
　男：一緒に行く友達や同級生はいる？タクシー代、割り勘にしたら？
　女：ええと、聞いてみます。
　男：もう一つの方法はタクシーで落城まで行って、それから地下鉄に乗り換える。時間と費用も節約できるよ。
　女：それはいい方法ですね。どうもありがとうございます。

12、13
　女：ねぇ、あなた、これは通信販売で買ったTシャツよ。着てみて。
　男：うん、ちょっときついな。それから、花柄はなんかおかしいな。
　女：あれ、サイズ間違ったのかしら？
　男：あ、確かにそうかも。俺は普段XXLサイズだけど。
　女：これはLサイズ。
　男：あーあ、これじゃサイズもデザインも俺にぜんぜん合わないな。捨てるわけにはいかないし、返品するか？
　女：ちょっと待って。私も試着して見るわ。どう？
　男：オーバーサイズじゃない？
　女：これはファッションよ、ファッション。花柄も結構可愛いしね。
　男：うーん、どこが可愛いか納得できないけどなー。
　女：なんですって？もう一回言ってみなさいよ！
　男：あ、超可愛い。
　女：あたしの新しいTシャツ、嬉しいー。

14、15
　女：西野さん、これから来月の学会発表の論文について書き直す必要

があるところを説明します。

男:はい、よろしくお願いします。

女:全体的言えば、言葉遣いがくどい。同じような内容を繰り返して言う必要はありません。発表時間はどのぐらいですか?

男:30分ぐらいです。

女:じゃ、もっと整理して、重複している部分を削除してください。

男:はい、分かりました。

女:あと、グラフの分量ですね。自分の説の論拠として、グラフをどんどん出してください。足りないと論証しにくいと思います。

男:はい、後でチェックして、必要になるグラフを追加します。

女:そして、正式な発表をする前に、自分で一回か二回リハーサルをして、30分以内で終わるように調整して。時間厳守してください。

男:はい、分かりました。

女:それから、論文のテーマと要旨はあらかじめ学会に送らないと発表資格が取れないわよ。

男:はい、取りあえず今から急いで送ります。ご指導どうもありがとうございます。

女:いいえ、どういたしまして。

日语听力综合训练(九)

第一节

听下面7段录音,每段录音后有1小题,从A、B、C三个选项中选出最佳选项。每段录音只播放一遍。

1. 男:王さんはご両親と一緒に住んでいますか?
   女:いいえ、両親は神戸の家にいます。
   男:そうですか。じゃ、一人暮らしですか?
   女:いいえ、姉と一緒に住んでいますよ。

2. 男:田中さんは毎日何時間ぐらい勉強しますか?
   女:毎日3時間ぐらいですが、今日4時間勉強したいんです。
   男:すごいですね。

3. 女:中村さんはピアノがお上手ですね。
   男:いえいえ、子供の頃は6年間ぐらい習いましたけど、今もうほとんど弾いてないです。

女:今何か習っていますか?

男:英語ですよ。

4. 男:土曜日、一緒に箱根の温泉に行きませんか?

女:いいですね。駅の前で会いましょうか?

男:駅は人が多いから、学校の近くのコンビニで会いましょう。

女:分かりました。じゃ、土曜日にね。

5. 男:先生、ご指導ありがとうございます。今度いつ来ればいいでしょうか?

女:ええと、来週の月曜日にまた来てください。あっ、ちょっとまって、その日は成人の日ですね。あのう、その次の日に来られますか?

男:はい、大丈夫です。

6. 女:すみません、博物館に行きたいんですが、何で行ったら一番便利ですか?

男:タクシーで行くのが一番早いですよ。10分ぐらいです。でもちょっと高いです。やっぱり電車で行ったほうがいいですね。

女:分かりました。そうします。ありがとうございます。

7. 男:このお店、ハガキがたくさんあります。紅葉の絵、桜の絵、漢字だけ、いろいろです。

女:本当ですね。どれにしようかしら?

男:ええと、漢字だけのはよくないと思います。しかも、今は春だから、やはりこれですね。

女:そうしましょう。

第二节

听下面4段录音,每段录音后有2小题,从A、B、C三个选项中选出最佳选项。每段录音只播放两遍。

8、9

女:山田さん、優勝、おめでとうございます。

男:ありがとうございます。

女:山田さんは小さい頃から野球をやり始めましたか?

男:ええ、幼稚園の時、よく父親と一緒に公園でやりました。そして、小学生の時、おもしろい野球のアニメを見て、自分も野球をやりたくなって、野球部に入りました。

女：いつもご兄弟と一緒にやりますか？
男：いいえ、うちは姉が二人いますが、野球があまり好きじゃないから、兄弟より近所の友達とよくやってました。

10、11
男：先輩、図書館のパソコン室を使ったことがありますか？
女：ええ、3階にありますね。図書館カードがあれば、使うことができますよ。
男：そうですか？でも、僕はカードをまだ持っていないんですよ。
女：そうですか？じゃ、カードを作らなければなりませんね。じゃ、10分後に図書館の前で会いましょう。
男：はい、分かりました。

12、13
男：あのう、週末に『君の名は』という映画を一緒に見に行かない？
女：うん、行きたい。でも、土曜日に英語の試験があるから、それ以外だったら大丈夫よ。
男：そうか。実は僕、日曜日にテニスの練習があるから、無理だなあ。
女：それなら、金曜日しか行けないわね。
男：とりあえず、そうしよう。ところで、英語の試験は難しいと聞いているから、早く復習したほうがいいよ。
女：大丈夫、あたし英語は得意なんだから。ま、映画を見たあとで復習してもいい。
男：自信満々だな。

14、15
男：日本はすばらしい食文化を持っている国だと思います。日本料理といえば、色々な種類があります。日本料理は季節感を大切にする気持ちで楽しむ料理です。海に囲まれているため、肉より、米・野菜・魚中心の食文化が形成されてきました。生の魚を切って刺身にして、生のまま食べたりする習慣があります。そのほか、生卵、生野菜など生食（なましょく）が好きな傾向があります。料理をするとき、食材の新鮮度を重視し、素材本来の味を大事にしています。

日语听力综合训练（十）

第一节

听下面7段录音，每段录音后有1小题，从 A、B、C 三个选项中选出最佳选项。每段录音只播放一遍。

1. 女：旅行に行きましたね。どうでしたか？
   男：ええ、楽しかったですよ。
   女：何かいい風景を見ましたか？
   男：浅草の近くにあるスカイツリーが一番素晴らしかったと思います。

2. 男：綺麗ですね、この帽子は。
   女：ええ、昨日買ったものです。赤いのがいいなと思いましたけど、結局これにしました。
   男：黄色も綺麗ですよ。あなたには、似合っていますからね。

3. 男：最近よく出張に行っているね。仕事、たいへんだろう？
   女：ええ。今日は4日てー。今福岡から帰ったばかりなのに。明後日また大阪へ行かないといけないの。
   男：へえ。本当にたいへんなんだね。体に気をつけてね。
   女：ううん。ありがとう。

4. 女：これから、醤油ラーメンを作りますね？
   男：はい、そうです。食材は全部用意してあります。
   女：ちょっとまって。何か足りないと思いますけど。
   男：お肉は、ちゃんとここにありますし。
   女：あ、キャベツです。キャベツがありません。
   男：あれ、しまった！今すぐ用意しますからね。

5. 女：もう十時でしょう。遅刻しましたね。
   男：すみません。すみません。
   女：電車に乗り遅れてしまったんですか？
   男：いいえ、そうではないんです。昨日作った企画書を家に忘れてしまいました…

6. 女：ねえ、聞いている？新しい味のコーラが出たんだ。
   男：あっ、そう？聞いているけど、レモンしか知らないよ。
   女：いろいろあるわ。レモンとか、桃とか、西瓜とかね。
   男：へえ、けどね、僕、やっぱりレモンのほうがすきだなあ。

7. 女：山田さん、この資料、何語ですか？
   男：スペイン語じゃない？
   女：うそ！ 私、英語しかできないから。どうしよう。誰かに訳してもらうしかないわ。
   男：鈴木さんならできるかもしれない。
   女：鈴木さん？ 確か鈴木さんはフランス語が上手だと聞いたけどね。
   男：あっ、そうだ！ 吉野さんはスペインに留学に行ったことがあるらしいけど。

第二节

听下面4段录音，每段录音后有2小题，从A、B、C三个选项中选出最佳选项。每段录音只播放两遍。

8、9
   男：もうすぐ期末試験になってしまう。レポートで苦しいんだ。
   女：レポートなら、いろいろ資料を準備しなければならないね。じゃあ、図書館に行ったら。
   男：アドバイスしてくれてありがとうね。でも、明日は土曜日で休館だろう？
   女：ううん、休館は平日なの。土日は大丈夫。
   男：あー、そう？ ところで、電車で行ける？
   女：ええと、土日だから、バスが一番便利なのよ。臨時直行バスがあるからね。
   男：そうなんだ。じゃあ、そうしよう！ ありがとうな。

10、11
   女：ただいま。
   男：おっ、お帰り。面接、どうだった？
   女：失敗しちゃったんだ。もう…
   男：うそ。どうした？ 何か悪いことでもしちゃった？ それとも、面接試験が難しかったから？
   女：ううん。試験はいい点数も取れたし、自分の言葉使いにも十分注意していたし。ただし、急にフランス語ができますかと聞かれちゃって。あたし、英語しかできないもん。くやしいー！
   男：へーえ、厳しいな。僕なら、英語ができるというのはもう限界なんだけどさ。まっ、君は優秀だから、次頑張ったらいいよ。もう気に

しないで。
女：そうするしかないわ。

12、13
女：今日は日曜日だから、きっとお客様は大勢。
男：大変な一日になりそうだ。アルバイトの人数も足りないし。どうしよう？
女：いつもの通りにやればいいんじゃない？まず、お肉と野菜を切ろうよ。
男：ちょっとまって。ここに「調味料が切れています」と書いてあるんだ。
女：えっ、じゃあ、それ先に買わないといけないね。
男：それをお願いするよ。僕、看板を先に立てるから。
女：まって。電気！電気！電気がないと、看板は動かないんじゃない？
男：ああ、もう。やっぱり二人じゃダメだな！あと、店の掃除もあるんだ。僕、この店をやめたい！
女：ばかなこと言わないで！さっさとやりなさい。

14、15
大学生は、論文を書かなければなりません。「どうすれば良い論文が書けますか？」と、よく大学生に聞かれます。これを答える前に、一つのことをみんなに知ってほしいのです。それは、なぜ論文を書くのかという問題です。答えは、研究。ですから、論文の字数や言葉使いより、テーマのほうが一番重要なのです。論文を書くのは、大学生なら、4年生後半からというのが普通なんですが、修士の場合なら、勉強時間は2年しかないから、1年生後半からになります。

参考答案与解析

第一部分　辨音训练

第1课　清浊音

1. B	2. B	3. C	4. A	5. A
6. A.	7. C	8. B	9. C	10. C
11. A	12. C	13. A	14. A	15. C
16. B	17. B	18. A	19. A	20. B

第2课　长短音

1. A	2. A.	3. A	4. A.	5. C
6. B	7. B	8. B	9. A	10. A
11. A	12. A	13. A	14. A	15. C
16. B	17. A	18. C	19. A	20. A

第3课　促音

1. A	2. C	3. A	4. B	5. C
6. A	7. C	8. B	9. C	10. A
11. B	12. A	13. B	14. A	15. B
16. A	17. B	18. A	19. A	20. A

第4课　拨音

1. B	2. A	3. B	4. C	5. A
6. C	7. A	8. C	9. B	10. A
11. C	12. A	13. B	14. A	15. A

| 16. B | 17. B | 18. A | 19. A | 20. C |

第5课　拗音

1. C	2. C	3. A	4. B	5. C.
6. B	7. A	8. A	9. A	10. C
11. A	12. A	13. B	14. A	15. B
16. A	17. B	18. B	19. A	20. C

第二部分　主题训练（一）

第6课　数字、数量、价格

实战训练——基础篇

Ⅰ．数字

1. B

解析：只要听懂关键句「今日の英語の授業の教室は何号室ですか。」和「ええと、3012です。」，就可以选出正确答案B。

2. C

解析：只要听懂关键句「14と書いてあるから、14番ですか。」，就可以选出正确答案C。

3. B

解析：只要听懂关键句「田中先生の番号は158の0012の3412です。」，就可以选出正确答案B。

Ⅱ．数量

1. C

解析：只要听懂关键句「鉛筆は2本ありますが、ボールペンは1本しかないんですよ。で、今使っています。」，就可以选出正确答案C。

2. A

解析：只要听懂关键句「今日はサービスの日ですから、牛乳を1本、アイスコーヒーは2本、ジュース3本、納豆3パックなどを買いました。」，就可以选出正确答案A。

3. C

解析：只要听懂关键句「この教室は元々机は50もあるはずですが…」，就可以选出正确答案 C。

Ⅲ. 价格

1. C

解析：只要听清楚「3個で300円です。」，就可选出正确答案 C。

2. C

解析：只要听懂关键句「ケーキは210円で、コーヒーは120円です。」，就可以选出正确答案 C。

3. B

解析：只要听出关键句「ガラスのは300円、プラスチックのは180円」和「安いほうをお願いします。」，就可以选出正确答案 B。

实战训练——进阶篇

Ⅰ. 数字

1. ① 電話　　②知らない　　③ 0745　　④ 1つ違う　　⑤ A

解析：只要听懂关键句「186の5321の0746だよ。知ってるかい？」和「友人のは186の5321の0745ですね。数字が1つ違うだけですね。」，就可以选出正确答案 A。

2. ① 田中さん　　② アパート　　③ 621号室　　④ 3つ奥　　⑤ B

解析：只要听懂关键句「確か…、6階の621号室だよ。」和「私の部屋より3つ奥ですね。」，就可以选出正确答案 B。

3. ① 368　　　　　　　　② 検算
   ③ 掛けたあと　　　　④ 書き間違えた
   ⑤ A

解析：只要听懂关键句「ちょっと検算してみるね。ほら、ここが間違ってるじゃん、388だと思うけど。」和「もう一回計算してみる、うん、確かにその通りね。」，就可以选出正确答案 A。

Ⅱ. 数量

1. ① テスト　　② 65点　　③ 90点　　④ 勉強家　　⑤ C

解析：只要听懂关键句「満点の半分しかなかったから、これから、まじめに勉強しなくちゃ。」，满分是100分，就可以选出正确答案 C。

2. ① 順調　　② 半分　　③ 百万台　　④ 三分の一　　⑤ C

解析：只要听懂关键句「僕、去年の9月は、車を百万台輸出したけど、今年は三分の一しかないよ。」，就可以选出正确答案C。

3. ① マスク　　② 4枚　　③ 3回　　④ 4枚　　⑤ B

解析：只要听懂关键句「マスクを買いに来ました。1人一回4枚までという制限がありますので、週に3回買いにきます。」和「今日は妹と2人できたので、妹も買いました。」，就可以选出正确答案B。

Ⅲ. 价格

1. ① 手帳　　　　　　　② 2,000 円　　1,000 円
   ③ 売れている　　　　④ 小さい
   ⑤ B

   解析：只要听懂关键句「大きいほうは2,000円で、小さいほうは1,000円です。」和「妹にあげるものだし、予算がちょっときついので、小さいのをください。」，就可以选出正确答案B。

2. ① チケット　　　　　② 5,000 円　　半額
   ③ 2枚　1枚　　　　　④ 昨日
   ⑤ A

   解析：只要听懂关键句「何枚ですか。大人は5,000円で、子供はその半額です。」和「じゃ、大人2枚と子供1枚をください。」，就可以选出正确答案A。

3. ① 渋谷駅　　　　　　② 新宿駅
   ③ 320 円　160 円　　④ 150 円
   ⑤ A

   解析：只要听懂关键句「ここから新宿駅までの区間料金は320円で、子供は160円です。それに特急料金が150円です。」和「区間料金にプラス特急料金ですね。」，就可以选出正确答案A。

实战训练——提高篇

Ⅰ. 数字

1. ① 7月3日　　　　　　② 3日
   ③ その前の日　　　　④ バスケと映画
   ⑤ B

   解析：只要听懂关键句「7月3日だと思うけどなあ。あっ、いやいや、3日は桜ちゃんだ。リカちゃんはたしかその前の日だと思うよ。」，就可

以选出正确答案 B。
2. ① 朝 8 時から夜 7 時まで　　② 連続して
　 ③ 火曜日から金曜日まで　　④ 月曜日
　 ⑤ B

解析：只要听懂关键句「確か火曜日から金曜日までだったかな。」，就可以选出正确答案 B。

3. ① ご兄弟　　　　　　　　　② 1 メートル 87 センチ
　 ③ お兄さん一人と妹さん一人　④ 姉
　 ⑤ C

解析：只要听懂关键句「王さんにはお兄さん一人と妹さん一人がいるんですね。」和「いいえ、その時、姉は旅行へ行ってましたから…」，就可以选出正确答案 C。

Ⅱ. 数量

1. ① 晩ご飯注文　　　　　　② 11 人　6 人
　 ③ いらない　　　　　　　④ 一人分
　 ⑤ B

解析：只要听懂关键句「うちの部署は 11 人だけど、今日残業するのは 6 人だけだよ。」和「王さんと李さんはダイエット中だから、晩ご飯はいらないよ。」、「あっ、忘れてた！今日小野さんの協力会社の人も一人残業を手伝ってくれるらしいよ。だから、もう一人分追加ね！」，就可以选出正确答案 B。

2. ① 五個　　　　　　　　　② 1 個 80 円
　 ③ 1 個 100 円　　　　　　④ 3 個は 150 円
　 ⑤ B

解析：只要听懂关键句「あそこではみかんも売ってますよ。始めの 3 個は 150 円だけど、次の 3 個からはたったの 100 円だよ…お買い得じゃないですか！」，就可以选出正确答案 B。

3. ① 10 本　　5 個　　　　　② 1 本 50 円　　1 個 100 円
　 ③ 17 冊　　　　　　　　　④ 380 円
　 ⑤ C

解析：只要听懂关键句「すみません、鉛筆 10 本と、消しゴム 5 個ほしいんですけど。」、「それから、ノート 17 冊も買いたいんですけど」和「あっ、

ごめんなさい、ノートは3冊減らしてください。」、就可以选出正确答案C。

Ⅲ．价格

1. ① セール中　② フィット　③ 2 割引　④ 2 割引き　⑤ C
   解析：只要听懂关键句「いいえ、4,500円の2割です。」、就可以选出正确答案C。

2. ① 30 分　② 6,000 円　③ コース2　④ 2 倍　⑤ A
   解析：只要听懂关键句「ええと、家具と床の汚れはコース1の6,000円で大丈夫ですが、トイレはちょっと問題ですねー。」和「じゃ、リビングは基本料金で、トイレはその2倍ということですね。」、就可以选出正确答案A。

3. ① 10,000 円　② クーポン券　③ 30％オフ　④ 10％オフ　⑤ B
   解析：只要听懂关键句「ええと、全部でちょうど10,000円です。」、就可以选出正确答案B。

第7课　时间、年龄

实战训练——基础篇

Ⅰ．时间

1. C

   解析：只要听懂关键句「ええと、8時10分ですね。」、就可选出正确答案C。要注意「10分(じっぷん)」与「1分(いっぷん)」的发音。

2. B

   解析：只要听懂关键句「土曜日と聞きましたが。」和「じゃあ、明日ですね。」、就能选出正确答案B。

3. B

   解析：只要听懂关键句「いいえ、4日です。」、就能选出正确答案B。要注意4日「(よっか)」与「8日(ようか)」的发音。

Ⅱ．年龄

1. C

   解析：只要听懂关键句「いいですよ。今年11歳です。」、就能选出正确答案C。

2. A

   解析：只要听懂关键句「いや、同じ年の姉が作ってくれます。」和「25歳

のお姉さんが？すごい方ですね。」，就可以得出正确答案A。

3. A

解析：只要听懂关键句「ほら、前の白いシャツを着ている人は新しく来た英語の先生ですよ。今年41歳だと聞きましたよ。」，就可以得出正确答案A。

实战训练——进阶篇

Ⅰ. 时间

1. ① 3時5分、15分後　　② 教室
   ③ 図書館　　　　　　④ 3時　　⑤ A

   解析：只要听懂关键句「すみません。日本語の授業は何時からですか？」与「今は3時5分だから、あと15分後だよ。」，就可以选出正确答案A。

2. ① 誕生日　② 12月20日　③ 発音　④ 日　⑤ C

   解析：只要听懂关键句「先輩、ぜんぜん大丈夫ですよ。12月20日です。」，就可以选出正确答案A。但要注意「20日（はつか）」与「2日（ふつか）」、「24日（にじゅうよっか）」与「28日（にじゅうはちにち）」的发音区别。

3. ① 6時40分　② 6時半　③ スポーツ店　④ 1時間早く　⑤ C

   解析：只要听懂关键句「じゃ、4時ごろ出よう。」和「ゆっくり食事もしたいから、4時より1時間早く出ましょうよ。」，就可以选出正确答案C。在对话的前半部分已经说好4点出发，但是男士突然想起要给儿子买棒球手套，所以提议提前1个小时出发。

Ⅱ. 年龄

1. ① 一人っ子　② 姉と弟　③ 高校生　④ 来年成人式　⑤ A

   解析：只要听懂关键句「今年もう大学2年生で、来年成人式を迎えるんですよ。」，就可以选出正确答案A。因为日本的「成人式」是20岁，所以现在是19岁。

2. ① 結婚　② 学友　③ 同じ年　④ 2年間　⑤ B

   解析：只要听懂关键句「それなら同い年ですね。」、「いや、妻は、修士課程を修了してから、2年間働いたんですよ。」和「それなら、鈴木さんは2つ下ですね。」，就可以选出正确答案B。

3. ① 国民健康保険　　　　② 西暦
   ③ 26　　　　　　　　④ 1989年

⑤ A

解析：只要听懂关键句「昭和の場合、あなたが生まれた西暦から26を引いてくだされば、昭和何年になりますよ。」和「私は昭和41年です。」，就可以选出正确答案A。昭和元年，即昭和1年，为1926年。

实战训练——提高篇

Ⅰ. 时间

1. ① 10時5分前　　　　　② 11時
   ③ 30分早い　　　　　　④ 出かけない
   ⑤ C

   解析：只要听懂关键句「まだ少し時間があるわ。今日は授業が11時からなのよ。余裕よ。」和「でも、昨日、先生が、用事があって、明日の授業はいつもより30分早いと言ったんだろう？」，就可以选出正确答案C。

2. ① 値段の割に　　　　　② 散策
   ③ おいしいパン屋さん　④ 記憶力
   ⑤ A

   解析：只要听懂关键句「いいね、お腹いっぱいなんで、ちょっと消化を助けないと。で、映画は8時からだよね。」和「うん、そうだよ。まだ1時間ある。散歩にはちょうどいい時間だよ。」，就可以选出正确答案A。

3. ① 慣れました　　　　　② 土日
   ③ 4回　　　　　　　　④ 苦手なタイプ
   ⑤ A

   解析：只要听懂关键句「ちょっと忙しいけれど、土日は授業がないので、ゆっくり休めます。」和「今日は木曜日だから、ないんですよ。ちょっとうれしいです。」，就可以选出正确答案A。

Ⅱ. 年龄

1. ① 撮った家族　　　　　② 五人
   ③ 二十歳　　　　　　　④ もてる
   ⑤ B

   解析：只要听懂关键句「兄は私より三歳年上で、今年二十歳です。弟は私より二歳年下です。自慢じゃないですけど、兄弟の中では僕が一番もてるんですけど。」，就可以选出正确答案B。

2. ① 入力　　② 零された　　③ わんぱく　　④ 三つ年上　　⑤ B

解析：只要听懂关键句「ええ、兄が一人います。私より三つ年上です。」、「お兄さんっていいね。頼りになるだろうし。三つ上なら、もうお兄さんは成人式は迎えたわよね。田中さんのお兄さんだったら、きっとハンサムなんでしょう?」和「まあまあですよ。成人式は去年迎えました。」，就可以选出正确答案B。

3. ① 財布　　　　　② 彼氏との写真
   ③ イケメン　　　④ 五歳年上
   ⑤ B

解析：只要听懂关键句「いいえ、そんなことないわ。それに若くみえるけど、私より五歳年上なのよ。」和「えっ、二十八歳? それじゃ、木村さんより三歳年上なの? 全然見えないね。大学生でも通用するよ。」，就可以选出正确答案B。

第8课　场所、属性

实战训练——基础篇

Ⅰ．场所

1. C

   解析：只要听懂关键句「ええ、あの青い建物です。あそこが図書館です。」，就可以得出正确答案C。

2. A

   解析：只要听懂关键句「ここをまっすぐ行くと、500メートルぐらいのところに緑の窓口がありますよ。」，就可以得出正确答案A。

3. C

   解析：只要听懂关键句「そうなんですか? 僕は図書館へ行って、本を借りてきましたよ。」，就可以选出正确答案C。

Ⅱ．属性

1. A

   解析：只要听懂关键句「僕はやっぱりチョコレートの味が好きですが、ここ、置いてないみたいですね。仕方がありませんね。じゃ、いちごにしますよ。」，就可以选出正确答案A。

2. C

   解析：只要听懂关键句「やっぱり短いほうがいいと思うけど。僕はやっ

ぱり紺より黒いほうが好きですよ。うーん、仕方ありませんね、じゃ、ほかの店に行ってみましょうか。」,就可以选出正确答案 C。

3. C

解析：只要听懂关键句「チューハイはジュースかお茶なんかのように飲みやすいけど、やっぱりアルコール飲料ですからね。」,就可以选出正确答案 C。

实战训练——进阶篇

Ⅰ. 场所

1. ① 土曜日　　② 充実した　　③ パターン　　④ 警備　　⑤ B

   解析：只要听懂关键句「でも、午後は友達と一緒に映画を見に行く約束をしたよ。」,就可以选出正确答案 B。

2. ① 先月　　② 京都や大阪　③ 年に1回　　④ 沖縄と九州　⑤ A

   解析：只要听懂关键句「先月、日本へ旅行に行ったそうですね。」和「そうです。北海道や東京へ行ってきました。」,就可以选出正确答案 A。

3. ① 8時半ごろ　② 12:15　　③ 4時　　　　④ 5時　　　⑤ B

   解析：只要听懂关键句「8時半ごろ出発します。10時頃万里の長城に着いて、自由散策は12時までで、12:15からバス乗り場の近くのレストランで昼食をします。」,就可以选出正确答案 B。

Ⅱ. 属性

1. ① 飲みに　　② ジム　　　③ 値段　　　④ リラックス　⑤ B

   解析：只要听懂关键句「ええ、家の近くのジムに通ってます。値段はちょっと高いけど、インストラクターがいいから、仕事の後で、よく行きますよ。」,就可以选出正确答案 B。

2. ① 値段　　　　　　　　② プラスチック
   ③ 木の椅子　　　　　　④ セールの張り紙
   ⑤ A

   解析：只要听懂关键句「ほら、見て、その木の椅子にセールの張り紙があるよ。」和「本当! かなり安くなっているね。じゃ、この椅子にしよう。」,就可以选出正确答案 A。

3. ① 日本の演歌のCD　　　② 1980年代からのCD
   ③ 絹の扇子　　　　　　④ 人気がある商品
   ⑤ C

解析：只要听懂关键句「1950年代前の演歌のCDもありますか。それから、その時期の紙の扇子もありますか。昔のものがほしいのですが。」，就可以选出正确答案C。

实战训练——提高篇

Ⅰ. 场所

1. ① ありすぎ　　　　② 韓国
   ③ ソウル　　　　　④ お金を稼がない
   ⑤ C

   解析：只要听懂关键句「やっぱり計画だけよね。まだ学生だからね。お金が無いのはあたりまえよ。」和「まあ、しょうがないよ。バイトでがんばってお金を稼がないと。」，就可以选出正确答案C。

2. ① ラッピングのセンス　② 200メートル
   ③ 二つ目の交差点　　　④ 生花
   ⑤ C

   解析：只要听懂关键句「もう、ケーキ屋はどうでもいいの！で、花屋はそのケーキ屋の向かいにあるの。そこの花は安くて新鮮なの。だから、その花屋は結構人気あるのよ。」，就可以选出正确答案C。

3. ① 旅行ガイド　　　　② 体調が優れない
   ③ 目玉　　　　　　　④ 8時半
   ⑤ B

   解析：只要听懂关键句「ここからは8時半ごろ出発の予定となります。9時には獅子林、10時ごろには拙政園を見物します。拙政園ではだいたい1時間半ぐらいを予定しております。」，就可以选出正确答案B。

Ⅱ. 属性

1. ① ニュース　　　　　② ちらっと見る
   ③ ハマってる　　　　④ 笑い番組
   ⑤ C

   解析：只要听懂关键句「私はよくお笑い番組を見ます。でも、お笑いって、実は笑いながらいろいろ考えさせられるんですよね。」，就可以选出正确答案C。

2. ① 携帯　　② 呆れ　　③ 試験の準備　④ 苦手な科目　⑤ B

   解析：只要听懂关键句「そうですか。たぶん物忘れも疲れから来ている

3. ① 南の方　　　　　　　② ゴルフを予定
   ③ 洗濯物　　　　　　　④ 異常
   ⑤ A

   解析：只要听懂关键句「梅雨が近いから、しょうがないよ。普通だと思うよ。」，就可以选出正确答案A。

第三部分　主题训练（二）

第9课　衣

实战训练——基础篇

1. B

   解析：只要听懂关键句「あの赤いコートを着ている方ですよ。」，就可以选出正确答案B。

2. A

   解析：只要听懂关键句「女性は迷ってしまいますね。僕はTシャツを着ようかと思います。」，就可以选出正确答案A。

3. C

   解析：只要听懂关键句「僕は、ワイシャツはあるから、今度はTシャツとサングラスを買いたいです。」，就可以选出正确答案C。「Tシャツ」:T恤衫；「ワイシャツ」:白衬衫；「日よけ帽子」:遮阳帽；「サングラス」:太阳镜。

实战训练——进阶篇

1. ① 月曜　　　　　　　　② 着物
   ③ うちの袴　　　　　　④ レンタル料金
   ⑤ C

   解析：只要听懂关键句「せっかくの入学式だし、しかも憧れの京大だし、袴で行ったら？」、「よく頑張ってくれたから、好きな色の袴をレンタルしたら？レンタル料金はママが出すからね。」和「ありがとう。じゃ、そうするわ」，就可以选出正确答案C。

2. ① コート ② スーパー
   ③ デパート ④ 3万5,000円
   ⑤ B
   解析:只要听懂关键句「ちょっと高くない？僕は少し高いと思うけど。」和「でも、気に入ったから。つい買っちゃった。」,就可以选出正确答案 B。
3. ① マフラーみたいなもの ② 授業
   ③ よく分からなくて ④ いい先輩
   ⑤ C
   解析:只要听懂关键句「そのマフラーきれいね。」和「この間、マフラーを落としたので、新しく買いました。」,就可以选出正确答案 C。

实战训练——提高篇

1. ① デザイン ② 黄色の ③ スカート ④ 飽きる ⑤ B
   解析:只要听懂关键句「そうだけど、赤のはないからね。スカートはあきらめる、今度にするわ。」和最后一句「じゃ、これにするわね。」,就可以选出正确答案 B。
2. ① 赤いワンピース ② 派手すぎる
   ③ 紺色 ④ 売れ筋
   ⑤ C
   解析:只要听懂关键句「色もデザインも好きだわ。でも肩がちょっと大きいみたい。Sサイズのはありますか。」和「あー、すみません。ちょうど売り切れています。売れ筋なんですよー。」以及「あー、そうですかぁ！残念！しかたない…じゃ、他を見てみます。」,就可以选出正确答案 C。
3. ① 結婚披露宴 ② スピーチ ③ ワンピース ④ ツーピース ⑤ C
   解析:只要听懂关键句「でも、たぶん他の子たちもみんなワンピースだって。私は人と同じものを着るのはちょっとね。」,就可以选出正确答案 C。

第10课　食

实战训练——基础篇

1. C
   解析:只要听懂关键句「うーん、朝ご飯はパンですが、昼ご飯はラーメ

ンを食べました。」，就可以选出正确答案 C。
2. A

解析：只要听懂关键句「その白いものは?」和「それはイカです。」，就可以选出正确答案 A。

3. C

解析：只要听懂关键句「じゃ、焼きギョウザを2つとサラダをお願いします。」，就可以选出正确答案 C。

实战训练——进阶篇

1. ① 甘い物　② 何でも　③ 菓子パン　④ 女の人　⑤ A

解析：只要听懂关键句「そうですか。女の人は大体甘い物が好きですね。じゃあ、リンさんの一番好きな物は何ですか。」和「やっぱりクッキーですねぇ。」，就可以选出正确答案 A。

2. ① 定食　　　　　　② 豚カツ定食

   ③ マーボー豆腐定食　　④「寿司定食」

   ⑤ A

解析：只要听懂关键句「今日だけの特別サービスメニューの『寿司定食』もあるよ。」和「本当ですね。じゃ、私、寿司定食にします。」，就可以选出正确答案 A。

3. ① イチゴ　　　　　② 果物を買うの

   ③ みかんやリンゴなど　④ みかん

   ⑤ B

解析：只要听懂关键句「実家に住んでいた時は、母がよくみかんやりんごなどを買ってテーブルに置いておいてくれました。それで、よくみかんを食べたんですが。」和「好きといえば好きだけど、一番食べやすいからですね。」，就可以选出正确答案 B。

实战训练——提高篇

1. ① 食パン　　　　　② 達人

   ③ おにぎりや食パンが　④ 明太子　⑤ B

解析：只要听懂关键句「おにぎりを食べているのは私のクラスメートで、韓国人のゴさんです。食パンを食べている人が先学期中国の延辺から留学してきたウさんです。ふたりとも日本語の達人ですよ。」，就可以选出正确答案 B。

2. ① ランチ　　　　　② 昼食
   ③ エビラーメン　　④ ラーメン評論家
   ⑤ B

   解析：只要听懂关键句「そうだね、僕、昼食は殆どこの店なんだ。大体月曜日は親子丼、火曜日はすき焼き丼、水曜日はエビラーメン、木曜日はオムライス、金曜日はパスタなどの日替わりメニューだよ。」，就可以选出正确答案 B。

3. ① 大根　　② もやし　　③ 人参　　④ 白菜　　⑤ A

   解析：只要听懂关键句「大根は 1 本 78 円です。今日、野菜は全部安売りですよ。こちらのもやしは 1 袋で 56 円、人参は 1 本でたった 46 円です。いかがです？それに、そちらの白菜は丸々 1 個、102 円ですよ。」和「ああー、ちょっと残念。たくさん買いたいんですが、日持ちしないからなぁー。じゃあ、人参 2 本と大根 1 本をください。」，就可以选出正确答案 A。

第 11 课　住

实战训练——基础篇

1. A

   解析：只要听懂关键句「あなた、新入生？一年生の寮はあの赤い建物よ。ほら！」，就可以选出正确答案 A。

2. B

   解析：只要听懂关键句「3807 号室はね。ここじゃありません。ここは本館ですから。3807 号室はとなりのビルの 3 階にあると思いますが…」，就可以选出正确答案 B。

3. C

   解析：只要听懂关键句「やっぱり東ですね。」和「じゃ、そっちからですね。」，就可以选出正确答案 C。

实战训练——进阶篇

1. ① 超お金持ち　　　② 撮影
   ③ 噂　　　　　　　④ おじさんの家
   ⑤ A

   解析：只要听懂关键句「うん、私も聞いたけど、彼の家は確かに世田谷区

にあるのよ。」和「いいえ、違うけど、私のおじさんの家がその辺だから。遊びに行ったとき、ちょうど見かけたのよ。」，就可以选出正确答案 A。

2. ① お聞きしたい　　　　② 学長室
   ③ 左　　　　　　　　　④ エレベーター
   ⑤ C

   解析：只要听懂关键句「学長室ですか？この廊下を通って突き当たった所を左に曲がると、エレベーターがあります。そのエレベーターに乗って、十階まで上がってください。」，就可以选出正确答案 C。

3. ① 賃貸マンション　　　② ご要望
   ③ 駅に近いところ　　　④ 13万円
   ⑤ A

   解析：只要听懂关键句「お探しの物件のご要望についてお伺いをしてもいいですか？」和「はい。とにかく、近くに小学校と幼稚園があることが希望です。」，就可以选出正确答案 A。

实战训练——提高篇

1. ① 物件　　　　　　　　② 桜アパート
   ③ 敷金免除　　　　　　④ 雪マンション
   ⑤ C

   解析：只要听懂关键句「そうなんですか。じゃあ…残念ですが、やっぱり大学の寮で我慢します。」，就可以选出正确答案 C。

2. ① 十時　　　　　　　　② 渋谷駅
   ③ デパートの前　　　　④ 東口
   ⑤ A

   解析：只要听懂关键句「西口は結構遠いし、あそこも人の流れすごいからなぁ。じゃあ…ハチ公の『忠義』に敬意をあらわす意味で、やっぱり皆が待ち合わせている所にしよう！」和「分かった、まあそれがいいわね。定番だし。」，就可以选出正确答案 A。

3. ① 右手　　　　　　　　② 13番
   ③ 浜町公園　　　　　　④ 305号室
   ⑤ C

   解析：只要听懂关键句「ええとねー、実は、家は浜町公園のすぐ近くなんだけど、区は隣の区で、江東区の、芭蕉記念館の隣の芭蕉第三ビルの

304号室なのよ。」,就可以选出正确答案C。

第12课 行

实战训练——基础篇

1. A

   解析:只要听懂关键句「いいえ、雨なので、バスに乗ります。」,就可以选出正确答案A。

2. C

   解析:只要听懂关键句「鉄道で行きます。鉄道のほうがずっと安いですからね。」,就可以选出正确答案C。

3. C

   解析:只要听懂关键句「そうですか。自転車もないから、残りはタクシーですね。じゃあ、私はタクシーで行きます。どうもありがとうございます。」,就可以选出正确答案C。

实战训练——进阶篇

1. ① 2番　②1番と5番　③5番　④1番　⑤C

   解析:只要听懂关键句「1番と5番のバスも駅に行きますけど、今、ちょうど5時だから、あと10分で5番のバスが来ますよ。」和「じゃ、仕方ないですね。5時10分のバスに乗ります。」,就可以选出正确答案C。

2. ① 歌舞伎鑑賞　② 自転車　③ バス　④ 15分ぐらい　⑤ B

   解析:只要听懂关键句「でもバスだと、降りてから15分ぐらい歩きますよね。もし電車だったら、降りてすぐですよ。」、「そうだけど、それでも電車の方が早いんじゃない?」和「そうですね、そうしましょう。」,就可以选出正确答案B。

3. ① 夏休み　　　　② 舞鶴の海に行こう
   ③ 飛行機　船　　④ 新幹線
   ⑤ A

   解析:只要听懂关键句「そうだね。やっぱり飛行機のほうが速いね。」和「そうですね。じゃ、それにしましょう。」,就可以选出正确答案A。

实战训练——提高篇

1. ① 荒れ　② 電車　③ 10時　④ バス　⑤ C

   解析:只要听懂关键句「バス停で1時間待ったんだけど、来なくて…。

しようがないから、歩いて帰りましたよ。」，就可以选出正确答案C。
2. ① 開店前　　　　　　②3時
　　③ 快速か普通電車　　④30分
　　⑤ B

解析：只要听懂关键句「そうですけど。普段は家の近くの駅から快速か普通電車で来るんですけど、今日は横浜駅から新快速に乗り換えましたから。」，就可以选出正确答案B。

3. ① お花見　　② バス　　③ 歩いて　　④ 入り口　　⑤ B

解析：只要听懂关键句「いいですよ。僕は歩くのちょっときらいなんで、やっぱり自転車でいきますね。」，就可以选出正确答案B。

第13课　学

实战训练——基础篇

1. C

解析：只要听懂关键句「そうらしいですね。私は韓国語よりフランス語のほうが好きです。」，就可以选出正确答案C。

2. C

解析：只要听懂关键句「すごいですね。私も今勉強していますが、なかなか上手になりません。」，就可以选出正确答案C。

3. C

解析：只要听懂关键句「家内は月曜日と水曜日と土曜日の午後に授業がありますよ。1コマか2コマなら、無料で聞いてもいいみたいですよ。」，就可以选出正确答案C。

实战训练——进阶篇

1. ① ゴールデンウィーク　　　② 箱根　熱海
　　③ 十日間　　　　　　　　　④ 沖縄の観光
　　⑤ B

解析：只要听懂关键句「春休みに帰ってなかったんですか？」和「そうです。ゼミの調査で沖縄へ行きました。でも、調査の合間を利用して沖縄の観光もしましたよ。」，就可以选出正确答案B。

2. ① 新しい科目　② 難しい　　③ 興味　　④ 中国　　⑤ C

解析：只要听懂关键句「もちろん、興味もあるし、それから、大学を卒業

してから、中国に行きたいと思ってるからね。」、就可以选出正确答案C。

3. ① おじいちゃん　　　② ポルトガル語
　 ③ 兄　　　　　　　　④ ポルトガル語と英語
　 ⑤ B
　 解析：只要听懂关键句「ううん、兄に教えてもらっています。兄はポルトガル語と英語が上手だから。今は、うちのおばあちゃんに英語を教えていますよ。」，就可以选出正确答案B。

实战训练——提高篇

1. ① 顔色　　② 試験　　③ 休んだほう　④ 復習　　⑤ B
　 解析：只要听懂关键句「気持ちは分かるけど、やっぱりさ、まずはゆっくり休まないと。集中力も出ないよ。」和「分かった。」，就可以选出正确答案B。

2. ① 在宅学習　② 受験勉強　③ 税理士　　④ 三ヶ月後　⑤ C
　 解析：只要听懂关键句「そうだったんだけどー。今回は看護士の資格を取ろうと思ってね。」，就可以选出正确答案C。

3. ① 新型コロナウイルス　　② フランス語
　 ③ ポルトガル語　　　　　④ 西アフリカ
　 ⑤ A
　 解析：只要听懂关键句「へぇ、すごいわね。実はちょうど私も最近大学時代に勉強したポルトガル語の教科書を引っ張り出しているのよ。」和「そうなんだ。でもー、以前やったとはいえ、私も忘れかけているわ。当然よね。」，就可以选出正确答案A。

第 14 课　娯

实战训练——基础篇

1. C
　 解析：只要听懂关键句「あー、ちょっと残念ですが…バイトがあって…、で、何か用事がありますか。」，就可以选出正确答案C。

2. C
　 解析：只要听懂关键句「えっ、もう帰りますか？まだ二次会がありますよ。一緒に行きません？」和「ちょっと残念ですね。じゃ、一人で二次会に行きます。」，就可以选出正确答案C。

3. C

解析：只要听懂关键句「どこか行きたい場所ありますか。遊園地はどうですか。」和「そうですね…遊園地は2年ぶりですから。じゃ、そうしましょう。」，就可以选出正确答案C。

实战训练——进阶篇

1. ① スポーツ　② ヨガや水泳　③ リラックス　④ プール　⑤ C

   解析：只要听懂关键句「ヨガですか。毎日会社が忙しいから、やっぱりリラックスの時間が必要ですね。だから、毎晩僕もやっていますよ。水泳もしたいんですが、最近忙しくてプールに行く時間もないから、残念です。」，就可以选出正确答案C。

2. ① 環境問題　② 水曜　③ 月曜日　④ 授業　⑤ C

   解析：只要听懂关键句「あのね、近くの映画館は、水曜日は女性だけ千円なのよ。しかも、今週は評判のいい環境問題についてのあたらしい映画やってるみたいですよ。」和「ええー、そうだけど、先月から水曜日に変ったのよ。」，就可以选出正确答案C。

3. ① お土産　② 熱海温泉
   ③ 鎌倉と江ノ島　④ 彼氏
   ⑤ B

   解析：只要听懂关键句「すごく楽しかったよ。調査もうまく行ったし、家族連れで行ったのも初めてだよ。」，就可以选出正确答案B。

实战训练——提高篇

1. ① 山登り　② カラオケ
   ③ 歌が下手　④ 音痴
   ⑤ C

   解析：只要听懂关键句「実は、最近、私、カラオケにあまり行ってないんですよ。私、本当は歌が下手なんです。だから、恥ずかしくて…ストレス発散にはいいと思うんですが…」和「あっ！そうだったんですか。でも、僕も下手ですから。自慢じゃないけど、みんなから音痴って言われてますよ。お互い様ですよ！いいじゃないですか！下手とか気にしないで、カラオケ、行きましょうよ！」，就可以选出正确答案C。

2. ① 週末遊ばず　② 範囲も広い
   ③ ボタンの展示会　④ 月末まで

⑤ C

解析：只要听懂关键句「でも、全部だとちょっときついよ。ボタンの展示会は月末までやってるよ。慌てて全部行くことはないさ。」、「そしたら、先に花火大会？」及「そうしよう。」，就可以选出正确答案C。

3. ① 誕生日　　　　　　② 買いに行かない
   ③ バイトもある　　　　④ 家族の食事会
   ⑤ B

解析：只要听懂关键句「今日はちょっと無理、昼からバイトもあるし…明日はどう？」和「明日の午前中は塾があるからね。」，就可以选出正确答案B。

第四部分　综合训练

日语听力综合训练（一）

第一节

1. B

   解析：只要听懂关键句「飛行機の時間は遅すぎるので、新幹線で来られるんだそうです」，就可以选出正确答案B。

2. B

   解析：只要听懂关键句「あさって出さなきゃいけないんじゃないの？」和「締切は八日だよ。四日じゃないよ。」，就可以选出正确答案B。

3. A

   解析：只要听懂关键句「うちのワンちゃんが二週間も帰ってこないのよ。食べ物はあるか、寝るところはあるか、すごく心配なのよ。」，就可以选出正确答案A。

4. A

   解析：只要听懂关键句「やっぱり和食のほうがいいね。」，就可以选出正确答案A。

5. C

   解析：只要听懂关键句「もう四時ですね。」和「一時間後にまたお電話を差し上げます。」，就可以选出正确答案C。

6. B

解析：只要听懂关键句「ブランド品ばかり見ていて、忘れちゃった。」，就可以选出正确答案 B。

7. B

解析：只要听懂关键句「それならカーネーションをお勧めします。」和「先生はピンクが好きだそうなので、じゃ、これにします。」，就可以选出正确答案 B。

第二节

8. A

解析：只要听懂关键句「国語はあんまり難しくなかったと思うんだけど。時間さえあれば、満点とれたと思うよ。」和「それはそれは…もしかしたら、不合格かもね。」，就可以选出正确答案 A。

9. A

解析：只要听懂关键句「僕、朝弱いから、寝坊しちゃったんだよ。」，就可以选出正确答案 A。

10. B

解析：只要听懂关键句「麻結さんが交通事故！」和「さっき入院したらしいのよ。」，就可以选出正确答案 B。

11. C

解析：只要听懂关键句「僕はチケット代金を払い戻してもらってくるから。」，就可以选出正确答案 C。

12. C

解析：只要听懂关键句「朝はホテルのレストランで食事してから、7時50分ごろ集合、8時ごろ出発します。だいたい1時間で西洋美術館につきます。」，就可以选出正确答案 C。

13. B

解析：只要听懂关键句「だいたい1時間で西洋美術館につきます。皆さん十分に楽しんでから、昼ご飯を食べて、午後、皇居へ行きます。」，就可以选出正确答案 B。

14. C

解析：只要听懂关键句「一番目のお茶ですが…値段は8,000円です。」、「二番目のお茶は…6,000円です。」和「三番目のお茶は…8,600円です。」，就可以选出正确答案 C。

15. C

解析：只要听懂关键句「三番目のお茶は爽健美茶で、体重を減らす絶妙な効果で何回も買われるお客様が多いです。」，就可以选出正确答案 C。

日语听力综合训练(二)
第一节

1. C

解析：只要听懂关键句「行きたかったんですけどね」。「僕も残業ばっかりで…」，就可以选出正确答案 C。

2. B

解析：只要听懂关键句「昨日は授賞式に行ったの。」，就可以选出正确答案 B。

3. A

解析：只要听懂关键句「お菓子は？ 音楽を楽しんでる途中でお腹が空いたら食べてもいいの？」和「コンサートは飲食禁止だからさ。」，就可以选出正确答案 A。

4. B

解析：只要听懂关键句「僕、雨が嫌だ。今日、体育の授業も中止だった。」，就可以选出正确答案 B。

5. B

解析：只要听懂关键句「今、毎月三万円あげているわよ。」和「五千円しかアップしてあげないわよ。」，就可以选出正确答案 B。

6. C

解析：只要听懂关键句「近くのデパートの駐車場で止めますよ。すこし歩くとバス停が見えますから。」，就可以选出正确答案 C。

7. A

解析：只要听懂关键句「ご利用になられている三冊の本ですが、後三日で返却期限になりますので、ご注意ください。」，就可以选出正确答案 A。

第二节

8. C

解析：只要听懂关键句「そうなんだけど、部長ったらどうしても水原さ

んをバスケット選手に会わせてあげたいって言うんだよ。」,就可以选出正确答案C。

9. C

解析:只要听懂关键句「先に京都へ一週間出張することになってるんだよ。」,就可以选出正确答案C。

10. C

解析:只要听懂关键句「私は鶏は大丈夫なんですけど、卵を食べると大変なことになるんですよ」,就可以选出正确答案C。

11. C

解析:只要听懂关键句「ラーメンだとマンゴージュースか、キウイジュースか、コーラをサービスいたしますので、どちらになさいますか?」和「私は熱帯の果物にもアレルギーがあるんですよ。」,就可以选出正确答案C。

12. B

解析:只要听懂关键句「面接試験について説明しますので…教室…」,就可以选出正确答案B。

13. C

解析:只要听懂关键句「美術学部を希望している人は全員四階の401教室で試験を受けていただきます。」,就可以选出正确答案C。

14. C

解析:只要听懂关键句「昨日、なぜかわからないけど、女の子たちに『デブ』ってバカにされたんだ。」和「それはいじめね。」,就可以选出正确答案C。

15. A

解析:只要听懂关键句「じゃあ、学校にいくよ。」,就可以选出正确答案A。

日语听力综合训练(三)
第一节

1. C

解析:只要听懂关键句「3時ちょうどになりますが。」和「じゃあ、それに乗ります。」,就可以选出正确答案C。

2. A

解析:只要听懂关键句「僕も大型車欲しいな。そろそろ買い換えた

い。」、「木村さんの車も灰色なの?」和「いいや、白だよ。」,就可以选出正确答案 A。

3. B

解析:只要听懂关键句「小さい頃にロシア人のバレエダンサーが出演していた『スワンレーク』を見て、その上品な姿が印象深かったの。自分も習いたいなあと思ったの。」,就可以选出正确答案 B。

4. A

解析:只要听懂关键句「財布やパスポートはポケットにいれていたので、大丈夫だったの。でも、ハンカチは別にしてたので、失くしちゃったの。」,就可以选出正确答案 A。

5. B

解析:只要听懂关键句「嵐会館だと…うちの予算で大丈夫かなぁ?」、「ぎりぎりです。紅葉会館なら全然大丈夫ですよ。」和「あそこは狭すぎますよ。ちょっと値段が高くても皆でのんびりして楽しく遊ぼう。」,就可以选出正确答案 B。

6. A

解析:只要听懂关键句「特急で行くなら、今日中に切符を買わなければいけません。」和「やっぱり特急にしましょう。」,就可以选出正确答案 A。

7. B

解析:只要听懂关键句「今日から一週間、下の子を預かって欲しいんだけど。上の子はお母さんに任せた。俺は病院で理恵と赤ちゃんを世話するから。」,就可以选出正确答案 B。

第二节

8. A

解析:只要听懂关键句「一階の化粧品売り場では、各ブランドにより10％か20％の割引をしております。」,就可以选出正确答案 A。

9. C

解析:只要听懂关键句「お買い上げ金額が一万円以上で免税になります。その際にはパスポートと領収証が必要です。」,就可以选出正确答案 C。

10. C

解析：只要听懂关键句「実は大学の弁論大会に参加することになりました。」，就可以选出正确答案 C。

11. B

解析：只要听懂关键句「平日の試験だから、追試は行いませんよ。」和「代わりにレポートを出してくれる？」，就可以选出正确答案 B。

12. C

解析：只要听懂关键句「友達が紹介してくれた図書館から借りたの。」，就可以选出正确答案 C。

13. A

解析：只要听懂关键句「チャイムが鳴ったよ、教室に入ろう。」，就可以选出正确答案 A。

14. B

解析：只要听懂关键句「大阪には有名なテーマパークがあるそうね」、「京都と奈良も歴史の雰囲気がいい町だよ。」和「やっぱりテーマパークがいいと思うけど。」，就可以选出正确答案 B。

15. C

解析：只要听懂关键句「それなら夜行バスのほうがいいんじゃない？」和「交通費を節約できるよ。そのお金を使っていろいろ遊んだり、美味しいものを食べたりできるから、いいんじゃない。」，就可以选出正确答案 C。

日语听力综合训练（四）
第一节

1. B

解析：只要听懂关键句「税込価格は1,550円だよね。」，就可以选出正确答案 B。

2. C

解析：只要听懂关键句「ちゃんと掃除をして、鍵を閉めなきゃ。」和「机と椅子がバラバラになってるので、先に片付けようか。」，就可以选出正确答案 C。

3. B

解析：只要听懂关键句「自転車はどうですか？学生会で借りれますよ。」，就可以选出正确答案 B。

4. A

解析：只要听懂关键句「あ、鈴木さん、おはよう。」和「日本のごみ処理についてレポートを書いたんですが、見ていただけないでしょうか。」，就可以选出正确答案 A。

5. B

解析：只要听懂关键句「藤原先生の授業は土曜日の一時から三時、田中先生は四時から七時です。」和「娘は五時から英語の授業もあるんですよ。」，就可以选出正确答案 B。

6. B

解析：只要听懂关键句「僕、生まれたのは沖縄なんです。」「それからずっと京都ですか。」「ええ、東京の大学に入るまではずっと。」，就可以选出正确答案 B。

7. B

解析：只要听懂关键句「初めはタイの予定だったんだけど、急にお母さんが病気で倒れて、看病しなきゃいけなかったの。だから、私の代わりに友達がタイに行ったの。」，就可以选出正确答案 B。

第二节

8. C

解析：只要听懂关键句「それになによりも通勤時間の問題ね。片道3時間もかかって最悪だったのよ。」，就可以选出正确答案 C。

9. A

解析：只要听懂关键句「高校時代からずっと好きだった先輩も偶然今の会社に勤めてるし、最高よ。」，就可以选出正确答案 A。

10. B

解析：只要听懂关键句「3時じゃなくて、13時です。聞き間違えられたんでしょう。」，就可以选出正确答案 B。

11. A

解析：只要听懂关键句「この量じゃとてもじゃないけど、二週間じゃ読みきれません。困りましたぁー。」，就可以选出正确答案 A。

12. A

解析：只要听懂关键句「その黒い猫には研究用の資料が入っているんだ。」，就可以选出正确答案 A。

13. C

    解析：只要听懂关键句「教室に忘れちゃったんだ。」，就可以选出正确答案 C。

14. C

    解析：只要听懂关键句「勝てた秘密は水着です。今着ている水着は鮫の肌を真似て作った特別な繊維で作られているんです。最新の科学技術のおかげで、やっと水泳選手たちの夢が叶いました。」，就可以选出正确答案 C。

15. A

    解析：只要听懂关键句「今回、あの優秀な中田選手が急病で倒れてしまって、試合に出られなかったそうで、大変残念です。」，就可以选出正确答案 A。

日语听力综合训练（五）
第一节

1. C

    解析：只要听懂关键句「実は姉と一緒に図書館へ行くつもりです。」，就可以选出正确答案 C。

2. A

    解析：只要听懂关键句「大人は600円、子供は300円です。3歳以下の子供なら、切符はいりませんよ。」、「大人6人と子供3人、2歳、3歳と9歳なんですが。」，就可以选出正确答案 A。

3. B

    解析：只要听懂关键句「ええと、月曜、水曜、金曜は数学。」，就可以选出正确答案 B。

4. B

    解析：只要听懂关键句「日中交流の歴史をいろいろ紹介する中で、漢字の伝播を一つの例として挙げるのはどうですか。」和「むしろ漢字に焦点をしぼったほうがいいと思うよ。」，就可以选出正确答案 B。

5. A

    解析：只要听懂关键句「ディズニーランドへ行きたいな。」、「でも、ストレス解消にはやっぱりテーマパークがいいと思うわ。」和「分かった。じゃ、人が多くても行こう。」，就可以选出正确答案 A。

6. A

解析：只要听懂关键句「その後五時までは全体会議です。全体会議の後十分間休憩、それから修了式を行い、六時頃終わります。」，就可以选出正确答案A。

7. C

解析：只要听懂关键句「ウェストはいかがでしょう。」、「なんかきついな。」、「では、2センチほど直しましょうか？」和「うん、それでいいよ。よろしくね。」，就可以选出正确答案C。

第二节

8. A

解析：只要听懂关键句「一日三食しっかり食べてるうえに、量も多いんじゃない？」和「いいや、忙しくて朝ご飯を食べる時間もないよ。」，就可以选出正确答案A。

9. C

解析：只要听懂关键句「ビールを控えめにして、水泳とか始めるぞ！」，就可以选出正确答案C。

10. B

解析：只要听懂关键句「でも、勉強も忘れないでね。」，就可以选出正确答案B。

11. C

解析：只要听懂关键句「週に一回英語のラジオのニュースを1つ聞き取り、日本語に訳してください。それから、ニュースを聞き取る前に、背景知識をまとめて読んでおいてね。最後に英語で書いた感想文を出してください。」，就可以选出正确答案C。

12. A

解析：只要听懂关键句「うちの合唱の出し物は何番目？」和「僕がちゃんと担当の先生に説明するから、心配しなくていいよ。試験を優先して。」，就可以选出正确答案A。

13. A

解析：只要听懂关键句「まず、期末試験は行かなきゃね。」，就可以选出正确答案A。

14. A

解析:只要听懂关键句「歯が痛くてたまらないので、すみませんができるだけ早く先生に見ていただきたいんですが。」,就可以选出正确答案 A。

15. C

解析:只要听懂关键句「今日の五時からなら大丈夫です。」和「家は近いですから。歩いてだいたい十五分ぐらいです。」,就可以选出正确答案 C。

日语听力综合训练(六)

第一节

1. A

解析:只要听懂关键句「いいえ、7月4日ではありませんよ。4月4日ですよ。」,注意分辨7月(しちがつ)和4月(しがつ)的读音,就可以选出正确答案 A。

2. B

解析:只要听懂关键句「兄1人と妹2人です。」,就可以选出正确答案 B。

3. A

解析:只要听懂关键句「10時15分前よ。」、「終電は15分後ですよ。」,就可以选出正确答案 A。

4. C

解析:只要听懂关键句「1,000円貸してくれない?」、「この前の2,000円はまだ返してもらってないよ。」和「今回だけよ。」,就可以选出正确答案 C。

5. C

解析:只要听懂关键句「数学だよ。それに、英語もね」,就可以选出正确答案 C。

6. B

解析:只要听懂关键句「その隣は空いていますか?」「空いてますよ。どうぞ。」,就可以选出正确答案 B。

7. C

解析:只要听懂关键句「8日だけど。」和「あと二日よ。」,就可以选出正确答案 C。

第二节

8. C

解析：只要听懂关键句「来週は全部空いてるよ。」和「やっぱり、火曜日がベストね。」，就可以选出正确答案 C。

9. C

解析：只要听懂关键句「6 時に会社の隣の居酒屋でいかがですか?」，就可以选出正确答案 C。

10. B

解析：只要听懂关键句「僕はステーキにしようかなぁ。」「じゃ、私も。」，就可以选出正确答案 B。

11. C

解析：只要听懂关键句「コーヒーが飲みたいね。砂糖を入れないでね。」，就可以选出正确答案 C。

12. A

解析：只要听懂关键句「こちらの目が大きくて、髪が長い女の子は妹さんですか?」、「いいえ、姉ですよ。」，就可以选出正确答案 A。

13. C

解析：只要听懂关键句「妹は高校三年生で、来年は大学一年生になります。」，就可以选出正确答案 C。

14. A

解析：只要听懂关键句「国語の試験は来週の月曜日でしょう?」，就可以选出正确答案 A。

15. C

解析：只要听懂关键句「まず英語を復習してみたらどう?」、「そうするしかないなぁ。」，就可以选出正确答案 C。

日语听力综合训练（七）

第一节

1. A

解析：只要听懂关键句「マリアさんはもう帰国しちゃったんだよ。」，就可以选出正确答案 A。

2. C

解析：只要听懂关键句「なんといっても、お酒を絶対に飲まないでくだ

さい。」,就可以选出正确答案C。

3. A

解析：只要听懂关键句「もし、朝から午後までずっと停電するなら、聴解試験を明後日の午後に延期します。」,就可以选出正确答案A。

4. B

解析：只要听懂关键句「じゃ、せっかく来たので、週刊誌を買おうかな。」,就可以选出正确答案B。

5. A

解析：只要听懂关键句「それなんですが、実は井上さんはその日支社へ出張で、参加できなくなるかもしれないんですよ。」,就可以选出正确答案A。

6. C

解析：只要听懂关键句「毎晩ゲームをやって、遅くまで起きているよ。」,就可以选出正确答案C。

7. B

解析：只要听懂关键句「でも、飛行機が遅れちゃったんだよ。」,就可以选出正确答案B。

第二节

8. A

解析：只要听懂关键句「家庭内暴力とか、親子関係の破綻とかね。」,就可以选出正确答案A。

9. A

解析：只要听懂关键句「でも、親も自分の子の心理状態に関心を持って、おかしいと感じたらすぐにお医者さんに診てもらうことが大事だよね。」,就可以选出正确答案A。

10. C

解析：只要听懂关键句「近くに和服レンタル屋さんが何軒かあります。」和「最高！じゃ、行きましょう！」,就可以选出正确答案C。

11. A

解析：只要听懂关键句「餌なので、鹿に見せてあげたら、近づいて来るよ。」,就可以选出正确答案A。

12. A

解析:从整个对话可以推断出二人是同事,选出正确答案 A。

13. B

解析:只要听懂关键句「会議資料はコピー室に置いたんだけど、ちょっと鍵を借りてもいい?」,就可以选出正确答案 B。

14. A

解析:只要听懂关键句「朝 7 時に集合なんて、ちょっと辛いね。」,就可以选出正确答案 A。

15. C

解析:只要听懂关键句「ううん、だめだめ。正門のところには駐車できないから、南の駐車場にしましょう」,就可以选出正确答案 C。

日语听力综合训练(八)

第一节

1. A

解析:只要听懂关键句「人身事故で電車が急に止まっちゃったの。」,就可以选出正确答案 A。

2. A

解析:只要听懂关键句「なんといっても、キャンパスの環境は素晴らしいと思う。」,就可以选出正确答案 A。

3. C

解析:只要听懂关键句「今大学院の入学試験を準備しているので、参考書や文献資料などをいっぱい買わないとだめなようなんだ。」,就可以选出正确答案 C。

4. B

解析:只要听懂关键句「母はこの時病院の手術で出張していたんです。」,就可以选出正确答案 B。

5. C

解析:只要听懂关键句「なので10 時以降はテレビの音量を少し落としてくれませんか?」,就可以选出正确答案 C。

6. B

解析:只要听懂关键句「じゃ、多言語で朗読とか、ダンスとかしたら?」、「でも、ダンスは練習にかなり時間がかかるなー。けど、朗読はそれほどじゃないよね。」「練習時間の少ないものにしよう。」,就可以选出正

确答案B。

7. B

解析：只要听懂关键句「実は今恋愛映画を見ていたんです。」、「愛し合う恋人同士が結婚できなくて…ひどいね。」，就可以选出正确答案B。

第二节

8. C

解析：只要听懂关键句「外国語学部と芸術学部は9月2日、体育学部と医学部は9月3日、それ以外は9月4日です。」，就可以选出正确答案C。

9. A

解析：只要听懂关键句「締切は9月15日です。」，就可以选出正确答案A。

10. B

解析：只要听懂关键句「もう一つの方法はタクシーで落城まで行って。」，就可以选出正确答案B。

11. C

解析：只要听懂关键句「午後、北駅発の2時の新幹線に乗りたいんです。」，就可以选出正确答案C。

12. C

解析：只要听懂关键句「ねえ、あなた、これは通信販売で買ったTシャツよ。」和「どこが可愛いいか納得できないけどなー。」，就可以选出正确答案C。男、女主人公的用词和语言形式非常随意。

13. B

解析：只要听懂关键句「あたしの新しいTシャツ、嬉しい。」，就可以选出正确答案B。

14. B

解析：只要听懂关键句「全体的言えば、言葉遣いがくどい。」、「自分の説の論拠として、グラフをどんどん出してください。足りないと論証しにくいと思います。」，就可以选出正确答案B。

15. C

解析：只要听懂关键句「それから、論文のテーマと要旨はあらかじめ学

会に送らないと発表資格が取れないよ。」、「はい、取りあえず今から急いで送ります。」,就可以选出正确答案C。

日语听力综合训练(九)

第一节

1. B

解析:只要听懂关键句「いいえ、姉と一緒に住んでいますよ。」,就可以选出正确答案B。

2. B

解析:只要听懂关键句「毎日3時間ぐらいですが」,就可以选出正确答案B。

3. B

解析:只要听懂关键句「英語ですよ。」,就可以选出正确答案B。

4. C

解析:只要听懂关键句「駅は人が多いから、学校の近くのコンビニで会いましょう。」,就可以选出正确答案C。

5. B

解析:只要听懂关键句「来週の月曜日にまた来てください。あっ、ちょっとまって、その日は成人の日ですね。あのう、その次の日に来られますか?」和「はい、大丈夫です。」,就可以选出正确答案B。

6. C

解析:只要听懂关键句「やっぱり電車で行ったほうがいいですね。」,就可以选出正确答案C。

7. B

解析:只要听懂关键句「紅葉の絵、桜の絵、漢字」和「今は春だから、やはりこれですね。」,就可以选出正确答案B。

第二节

8. C

解析:只要听懂关键句「いいえ、うちは姉が二人いますが、男の子は私一人だけです。」就可以选出正确答案C。

9. B

解析:只要听懂关键句「そして、小学生の時、おもしろい野球のアニメを見て、自分も野球をやりたくなって」,就可以选出正确答案B。

10. C

解析:只要听懂关键句「ええ、3階にありますね。」,就可以选出正确答案C。

11. C

解析:只要听懂关键句「じゃ、10分後に図書館の前で会いましょう。」,就可以选出正确答案C。

12. A

解析:只要听懂关键句「それなら、金曜日しか行けないわね。」和「とりあえず、そうしよう。」,就可以选出正确答案A。

13. A

解析:只要听懂关键句「大丈夫、あたし英語が上手なんだから。ま、映画を見たあとで復習してもいい。」,就可以选出正确答案A。

14. C

解析:只要听懂关键句「肉より、米・野菜・魚中心の食文化が形成されてきました。」,就可以选出正确答案C。

15. B

解析:知道听懂文中的「習慣」、「傾向」、「重視」等词汇,就可以选出正确答案B。

日语听力综合训练(十)

第一节

1. A

解析:只要听懂关键句「浅草の近くにあるスカイツリー」,就可以选出正确答案A。浅草是东京的一处著名观光景点。

2. A

解析:只要听懂关键句「黄色も綺麗ですよ。あなたには、似合っていますからね。」,就可以选出正确答案A。

3. C

解析:只要听懂关键句「四日に福岡から帰ったばかりなのに。明後日また大阪へ行かないといけないの?」,就可以选出正确答案C。

4. C

解析:只要听懂关键句「キャベツなんです。キャベツがありません。」和「あれ、しまった!今すぐ用意しますからね。」,就可以选出正确答案C。

参考答案与解析 | 193

5. B

解析：只要听懂关键句「いいえ、そうじゃないんです。昨日作った企画書を家に忘れてしまいました…」，就可以选出正确答案B。

6. A

解析：只要听懂关键句「僕、すっぱいのがいい。」就可以选出正确答案A。

7. B

解析：只要听懂关键句「吉野さんはスペインに留学に行ったことがあるらしいけど。」，就可以选出正确答案B。

第二节

8. C

解析：只要听懂关键句「休館は平日なの。土日は大丈夫。」，就可以选出正确答案C。

9. A

解析：只要听懂关键句「バスが一番便利なのよ。臨時直行バスがあるからね」，就可以选出正确答案A。

10. B

解析：只要听懂关键句「試験はいい点数も取れたし、自分の言葉使いにも十分注意していたし。」，就可以选出正确答案B。

11. C

解析：只要听懂关键句「急にフランス語ができますかと聞かれちゃって。あたし、英語しかできないもん。」，就可以选出正确答案C。

12. C

解析：只要听懂关键句「ここに『調味料は切れています』と書いてあるんだ」和「それ先に買わないといけないね。」，就可以选出正确答案C。

13. C

解析：只要听懂关键句「まって。電気！電気！電気がないと、看板は動かないんじゃない?」，就可以选出正确答案C。

14. B

解析：只要听懂关键句「論文の字数や言葉使いより、テーマのほうが一番重要なのです」，就可以选出正确答案B。

15. A

解析：只要听懂关键句「修士の場合なら、勉強時間は2年しかないから、1年生後半からになります。」，就可以选出正确答案A。